U0965814

徐永祥文集

社会治理创新论

徐永祥 等 著

華東理工大學出版社
EAST CHINA UNIVERSITY OF SCIENCE AND TECHNOLOGY PRESS
·上海·

图书在版编目(CIP)数据

社会治理创新论 / 徐永祥等著. —上海: 华东理工大学出版社,2021.12
(徐永祥文集)
ISBN 978-7-5628-6793-7

Ⅰ.①社… Ⅱ.①徐… Ⅲ.①社会管理—中国—文集 Ⅳ.①D63-53

中国版本图书馆 CIP 数据核字(2021)第 249876 号

策划编辑 / 刘 军
责任编辑 / 孟媛利
装帧设计 / 徐 蓉
出版发行 / 华东理工大学出版社有限公司
地址: 上海市梅陇路 130 号,200237
电话: 021-64250306
网址: www.ecustpress.cn
邮箱: zongbianban@ecustpress.cn
印 刷 / 上海盛通时代印刷有限公司
开 本 / 890 mm×1240 mm 1/32
印 张 / 6.875
字 数 / 152 千字
版 次 / 2021 年 12 月第 1 版
印 次 / 2021 年 12 月第 1 次
定 价 / 56.00 元

前言

2019年2月21日凌晨，中国社会工作重建的开拓者、中国社会工作教育协会会长、国际社会工作教育联盟委员、上海高校智库“社会工作与社会政策研究院”院长、华东理工大学社会学与社会工作学科的奠基人徐永祥教授因病医治无效，在上海与世长辞，享年64岁。徐永祥教授于1982年从南京大学哲学专业硕士毕业后到华东理工大学(其前身为华东化工学院)任教直到辞世，他将自己的后半生全都奉献给了华东理工大学。

徐永祥教授是华东理工大学社会学与社会工作学科的奠基人，他一直致力于探索社会学、社会工作学的学科自觉和实践建构。1995年，他与曹锦清等同仁一起开始筹建应用社会学研究所和社会工作系，并于次年正式建系，招收社会学专业硕士研究生和社会工作专业本科生。华东理工大学社会工作系是教育部直属高校首个社会工作系。社会工作系的成立体现了徐永祥教授和曹锦清教授等老一辈学科带头人的高瞻远瞩，为社会工作在华东理工大学的发展奠定了坚实的基础。华东理工大学社会与公共管理学院社会学科在徐永祥教授和曹锦清教授的带领下，逐渐凝练出“国情、实证、介入”的办学宗旨。用中国社会工作教育协会前任会长王思斌教授的话来讲,“徐永祥教授是中国社会学、社会工作恢复重建的重要开拓者,较早推动社会学、社会工作学科在一所理工科高校生根发芽,让华理社会工作在全国,甚至全世界都这么有名。徐永祥教授是第一人,他立下了第一功,再怎么肯定他的贡献都不为过”。

徐永祥师从胡福明教授,积极践行导师秉持的“实践是检验真理的唯一标准”的重要学术精神。他早年一直在探究马克思主义,尤其是对邓小平理论“两课”改革做出了突破性探索,对于推动邓小平理论更好地在高校教育和实践指导中发挥作用做出了杰出贡献。2000年以来,他大力倡导“参与式行动研究”,注重对社会科学实践进行自觉的提炼,注重对学术话语权的倡导,注重发挥社会学和社会工作学的社会建构功能,从而更好地应对中国社会发展所面临的深层次问题。徐永祥教授专门论述了大变革时代社会学、社会工作学的学科使命,强调两者都是以“社会”为中心,研究和解决市场经济条件下的社会问题、追求社会秩序与团结、实现社会公平与正义、提升人民群众福祉的科学。他一直认为,在中国,社会学、社会工作学自诞生以来就是天然、内在地联系在一起的学科。他强调,社会学、社会工作学应立足于自己学科的“社会”属性,在研究中国和世界问题的过程中实现理论自觉、做好理论建构,在面向现实社会问题时致力于实践的建构,在实践中不断推动社会建构、社会进步和社会发展。社会学、社会工作学在本质上是实践的,它们不仅仅在于解释世界,更在于改造世界。

徐永祥教授毕生致力于探索形成一种实践社会科学范式。他直面中国社会转型的重大问题,致力于通过科学研究和专业介入以寻求宏观改变,并对这些改变保持了足够的理论自觉,发表了不少有影响力的学术成果,承担了国家社会科学基金重大课题,提出了"社会体制改革""政社分工与合作""三社互动""社区治理共同体"等一系列重要的前瞻性论断。在全面深化改革的背景下,他提出将"以经济建设为基础、以社会发展为中心、以民主法治为保障"作为中国今后改革开放和现代化进程的基本方略的建议,这无疑是具有实践智慧的创新。这里的逻辑在于,经济建设是社会发展和政治建设(民主法治建设)的前提和基础,但是,经济建设并不是根本目的,最终还是为了社会的更好发展;同时,政治建设或民主法治建设是经济建设和社会发展的必要保障。

徐永祥教授是中国社会工作重建的开拓者,在学科建设、实践推进、专业教育、科学研究、社会服务、国际交流以及人才培养等方面都做出了突出贡献。

20 多年来,在学校领导的大力支持下,在徐永祥教授的带领下,华东理工大学社会工作学科形成了"教学、科研、实践、政策"四位一体的专业发展模式,目前已拥有从本科教育到博士教育的完整教育体系,是国内师资队伍规模较大、科研实力较强的教学科研团队。

自 1996 年起,徐永祥教授参与上海社区发展和社区体制改革,他以研究推动实践创新、以实践发展提炼学术智慧,其代表作之一《社区发展论》(曾重印 10 余次)提出并论述了"亚社区""政社不分"等重要概念,正是聚焦实践的学术成果。2003 年,在他的倡导下,国内首批三大社会工作社团(自强、新航、阳光)成立,他还担任自强服务社的理事长,带领全系教师积极参与,这是国内社会工作专业实践制度化的肇始。2008 年汶川地震发生后,他第一时间推动上海社会工作者参与灾后重建，组建华东理工大学社会工作服务队（这是全国第一支进入灾区的社会工作服务队，受到时任国务院总理温家宝同志的高度赞誉），并在都江堰市建立了四川省第一个社会工作机构，积极推动了社会工作在西部地区的发展。自2009年起，他分别在深圳等珠三角地区和上海等长三角地区成立研究与评估机构，推动珠三角、长三角的社会工作和社会创新，大大提升了华东理工大学社会与公共管理学院在粤港澳大湾区和长三角一体化战略中的影响力。徐永祥教授也因此被评为2011年度中国社会工作"十大社工年度人物"。2013年，由他领衔的"社会工作与社会政策研究院"入选上海高校智库，这是国内首个社会工作专业智库。在他的支持下，智库还开辟了中印比较、国际发展等新的研究方向。

徐永祥教授自1999年起担任中国社会工作教育协会副会长，协助会长王思斌教授推动中国社会工作教育和实践的发展。自2016年当选中国社会工作教育协会会长以来，他马不停蹄地东奔西走，几乎每个周末都在外地开会。他不辞辛劳，为的是支持各个学校的社会工作专业发展。他和王思斌教授、关信平教授、马凤芝教授等一起精心筹划并组织近200家社会工作院系参与精准扶贫。他奔波于高校对口扶贫的农村地区第一线，念兹在兹的就是扩大社会工作的专业影响及其在乡村振兴进程中的专业贡献。

20世纪90年代，华东理工大学社会工作系与香港城市大学合作培养社会工作专业学生。学院自2002年起就选派学生到香港实习，这项工作延续至今。华东理工大学与香港理工大学合作举办的中国社会服务管理硕士学位教育项目培养了近百名优秀人才，其中不少人成为活跃在长三角、珠三角社会工作和公益慈善领域的领军人物,担任各类机构或组织的会长、副会长、秘书长。

从2007年起,徐永祥教授推动华东理工大学社会与公共管理学院组织召开多次国际会议,邀请国外知名专家来访,推动学术交流与互动。从2008年起,他在国际社会工作教育联盟前主席、香港理工大学原副校长阮曾媛琪教授的支持下参加国际社会工作教育联盟(IASSW)的学术活动,2010年他被推选为联盟执委暨中国国家代表,在国际社会工作界发出了中国声音,积极向国际社会工作共同体介绍中国社会工作发展经验。阮曾媛琪教授这样评价他:"徐永祥教授一生秉持中国心,在积极推动中国社会工作走上国际舞台、发出中国声音、促进国际对话与合作方面做出了杰出贡献;徐永祥教授是一位名副其实的大家,我们将继续沿着他所开辟的道路前进,社会工作历史也将铭记他所做的重大贡献。"他通过自己的努力促进了社会工作领域同行之间的对话与交流,推进了中国社会工作的学科自觉、实践自觉、理论自觉和文化自觉,增强了中国社会工作在世界上的影响力。

需要特别提及的是,从1999年起,徐永祥教授及其夫人姚璎女士(当时在华东理工大学出版社工作)一起推出了国内首套"社会工作与管理丛书"和"社会工作名著译丛",在业界有非常大的影响,社会工作由此成为华东理工大学出版社的出版品牌。他还主编了"社会工作流派译库""社会工作与社会政策智库论丛"等多套书系,极大地促进了社会工作学科出版事业的发展。

徐永祥教授从教37年间,始终奋斗在教学与科研第一线,他以人才培养为使命,鼓励学生理论联系实践、积极介入并推动社会发展,先后培养了100余名硕士、博士研究生,为国家输送了一大批栋梁之材。

他以哲学家的睿智、社会学家的视野、社会工作学家的行动，在这个伟大的时代里留下了自己的印记。多少年后，当后辈书写中国社会工作发展史的时候，“徐永祥”这个名字必将会一遍遍地被提起。

他的离世，是学界的巨大损失。一个人的生命是有限的，但他对社会工作的热情、坚守和愿景展望可以激励一代代的年轻人投身到社会工作中。他求索实践取向的社会科学范式，是推动社会工作、社会学和社会政策发展的重要学术智慧和精神遗产，也必将激励后辈学人持续深耕。

为了纪念徐永祥教授，传承其学术思想，督促后辈继续完成他开创的事业，华东理工大学社会与公共管理学院将他生前绝大多数学术思想论述进行整理，并由华东理工大学出版社结集出版，形成《徐永祥文集》(五卷本)，分别是《社会发展论》《社会治理创新论》《社区发展论》《社会组织发展论》《社会工作发展论》。文集中的每一本都聚焦于他生前关注的核心理论和实践议题，它们虽各有侧重，但相互关联。《社会发展论》是徐永祥教授最早的学术思想汇集，他从哲学角度阐释了社会发展的相关思想，也为他后续的学术思想奠定了哲学基础。《社会治理创新论》是徐永祥教授集中阐释社会治理、社会建设等重要思想的学术成果汇编。他是较早强调政社分工与合作、社会治理创新的学者，同时，他积极提倡从“以经济建设为中心”的发展思路向“以经济建设为基础、以社会建设为中心”的发展思路转变，这体现出他内心强烈的社会关怀。其余三部可以合起来称为徐永祥教授的“三社”思想，即社区、社会组织和社会工作方面的研究成果。他最早阐释了“三社联动”思想，并为上海乃至全国推进社会体制改革提供了积极的指导。《社区发展论》是徐永祥教授关于社区发展的专著，从2001年出版至今，已经先后重印了10余次，曾被社会学家费孝通誉为“近年来写得最好的社区研究著作”。《社会组织发展论》汇集了徐永祥教授有关社会组织发展的研究成果，尤其是他近年来提出的具有社会理性导向的“新社会组织”等新型概念，可以与目前较为宽泛的社会组织含义相区别。他创办了专门致力于社会创新、公益事业发展的第三方评估机构，以推动“第三次分配”。《社会工作发展论》是徐永祥教授对社会工作教育、理论、政策和实践“四位一体”内容体系的建构和阐释，他既立足于本土实际，又具有国际视野，为中国社会工作走向国际化、促进国际交流做出了积极贡献。

最后，需要指出的是，由于徐永祥教授匆匆离世，他的很多学术成果尚未完全公开发表，本次《徐永祥文集》汇编中的部分文章是他与学生合作撰写的。在此我们要特别感谢为文集出版做出贡献的徐选国、侯利文、曹国慧、胡兵、刘振以及各位研究生同学，感谢华东理工大学出版社的同仁为文集出版付出的辛勤工作。由于编撰过程中需要对历时几十年的文献进行整理，难免会出现一些纰漏和错误，敬请读者指正和谅解。希望徐永祥教授的学术思想能够继续助推中国社会学、社会工作向前发展。

《徐永祥文集》编委会

编写说明

徐永祥教授长期以来对社会体制改革与社会治理创新进行了积极倡导。经济体制改革逐步确立了社会主义市场经济制度，推动了我国经济的高速发展，但是由市场经济制度带来的一系列社会问题却没有得到很好的解决。因此，他提出要关注“社会体制改革与政府社会职能转变”这一极具前瞻性的改革构想，并指出经济发展不是最终目的，经济发展是社会发展的基础，强调“以经济建设为基础、以社会建设为中心”的改革发展思路，这为当前整个社会治理体制改革与社会治理创新奠定了深厚的理论基础。

《社会治理创新论》系统地整理和收录了徐永祥教授对“社会体制改革与社会治理创新”的学术研究的大部分成果。全书共有16篇文章，部分文章由徐永祥教授独著而成，也有部分文章是他带领、指导学生共同撰写而成。可以说，《社会治理创新论》一书彰显了徐永祥教授对“社会”的深切关怀，同时也可以折射出他身上所散发出的“社会人”与“公共人”的精神品质。

全书共分为两编，每编的文章均以“总论—分论”的逻辑来呈现。第一编为“社会体制改革：理论阐述”，主要汇集了徐永祥教授关于社会体制改革理论的7篇文章。他指出,社会体制改革与政府社会职能的转变将成为建构和谐社会的必然选择,"政社分工与合作"乃是社会体制改革的理论内核。同时,他也提出现代社会工作制度是社会体制改革、社区体制创新的重要力量与必要条件。第二编为"社会体制改革与社会治理创新",共收录了9篇文章。第二编的文章涉及徐永祥教授对中国社会建设的发展面向、基层社会治理创新的现实路径、城市社区治理模式创新、社会服务体系建构以及政府购买社会服务等方面的研究论述,是徐永祥教授将其理论思想运用在社会治理创新中的具体体现。

《社会治理创新论》是徐永祥教授关于社会体制改革学术思想的汇总,书中的文章不仅有助于我们了解他的学术思想,同时,更为推动国家治理体系和治理能力现代化以及促进基层社会治理的改革与创新提供了借鉴与指导。从当前各地的基层社会治理实践中,我们可以看到对徐永祥教授思想的传递与深化,这离不开他在世之时奔走于全国各地指导地方政府进行基层社会治理改革的默默耕耘。本书收录了他的学术思考与研究成果,论述了在构建和谐社会的过程中,我国应如何改革社会体制、创新社会治理模式,并就中国社会建设的发展、基层治理创新路径以及城市社区治理创新、社会服务体系构建、政府购买服务等相关内容进行了深刻的阐述和探讨。

本书可作为高等院校社会学、社会工作以及相关专业的教学参考书,同时也可作为党政干部、社区工作者、职业社会工作者以及研究人员的专业读物。

目 录

第一编 社会体制改革：理论阐述

第二编 社会体制改革与社会治理创新

第一编 社会体制改革：理论阐述

本编为徐永祥教授在社会体制改革方面的理论阐述，共有学术论文7篇。其中，《社会体制改革与和谐社会建构》结合20世纪80年代以来我国侧重于经济体制改革而忽略社会体制改革，致使经济增长与社会发展产生矛盾这一时代背景，提出了社会体制改革是建构和谐社会的必然选择。在《政社分开：我国社区建设制度创新的必要条件》《政社分工与合作：社区建设体制改革与创新研究》这两篇文章中，徐永祥教授将社会体制改革置于社区层面，提出政社分工与合作是社会体制改革的理论内核。在《中国城市社区建设的体制创新与社会工作》这篇文章中，徐永祥教授提出现代社会工作制度是社区体制改革与创新的必要条件，这源于社会工作的本质与功能。《论社区服务的本质属性与运行机制》《关于新时期社区自治、社区服务与社区管理的若干思考》和《论居民委员会的社会角色和组织职能》这三篇文章为徐永祥教授对社区体制改革中社区建设的发展变迁、属性定位以及对居民委员会角色与职能的具体论述。

社会体制改革与和谐社会建构[①]

徐永祥

自20世纪80年代以来，有赖于经济体制的改革和政府经济职能的转变，我国比较顺利地建构起社会主义市场经济的体制框架，并由此保证了20多年经济的高增长。然而，我国社会体制的改革和政府社会管理职能的转变却一直未能得到应有的重视，在解决市场经济所引发的社会问题时，基本上沿袭着计划经济时期的、传统的社会管理体制和手段。其必然结果之一便是，我国的经济增长与社会发展一直处于不相协调的状态中。在我国现代化快速发展的今天，加快社会体制的改革和政府社会管理职能的转变，已经成为我国深化改革与建构和谐社会的一项必然选择。

一、社会体制之于现代化和社会发展的意义

当今中国，"政治体制""经济制度"和"经济体制"已经成为人们熟悉的词语。但是，"社会体制"的概念在我国却未得到应有的

---

① 本文曾发表于《学习与探索》2005年第6期，此次收录略有修改。

重视,甚至有人经常将其内置于或混同于"政治体制"的概念。即使是研究社会运行和社会问题的社会学学科,也几乎对"社会体制"的概念视而不见。这种忽视反映在实践上的结果就是,自实现社会主义市场经济以来,社会发展和社会体制改革一直没有得到应有的重视。实际上,"社会体制"和"政治体制"是两个完全不同的概念,二者不能混淆使用。政治体制是政治制度的重要组成部分,本质是特定阶级或不同利益集团在国家权力架构中的地位写照,形式上反映的是一个国家或地区的政治权力架构及运作体系,其功能则是服务于国家领域中的一定政党或政治组织的政治主张。正因如此,"政治体制"是构成政治学和政治生活的核心概念之一。至于"社会体制",通常也被称为"社会管理体制",它是一个区别于国家(政府)、市场的第三部门(也称第三域)的概念,包含了政府社会职能、社会政策、社会治理、社会保障、社会福利、社会服务、非政府组织、非营利组织以及国家与社会的关系等基本要素。"社会体制"本质上体现的是国家(政府)与社会(非政府、非营利组织及其所代表或服务的社会群体)之间的现实关系,形式上反映的则是一个国家、地区或城市的民众组织化与社会服务社会化的程度。社会体制的功能,一方面受制于市场经济的发育程度;另一方面,它通过国家与社会的关系渠道为实现一定的社会公平、社会文明、社会稳定以及防止社会过度分化而提供了一种有效的制度保障。

从欧美发达国家的近现代历史来看,其工业化与现代化的过程其实也是经济、社会和政治制度(体制)同步转型的过程。19 世纪末 20 世纪初,欧美发达国家的工业化、现代化进程和市场经济的建构进程明显加速。工业化与市场经济也引发了大量不同于农耕时代的社会问题，如社会分化与不平等现象严重，工人阶级特别是弱势群体缺乏社会保障，阶级矛盾与利益群体冲突加剧，等等。正是在这种情况下，工人阶级政党纷纷成立，它们与资产阶级在政治层面上展开斗争，以争取本阶级利益的最大化。与此同时，在社会层面，秉持不同利益主张的劳动者群体也纷纷建立各类社团（非政府组织、非营利组织），以维护自己的社会权益，构建本群体的社会支持网络，实现社会成员的相互帮助，而一些慈善人士和组织则通过建立各类社会服务机构来帮助特定的弱势群体和边缘群体。有赖于社会层面的这种建构及其组织化程度的提高，以及工人阶级的斗争和各类社会组织的努力，欧美发达国家的政府先后出台了一系列有利于保护劳动者的社会法案或社会政策。

二战前后，随着科技革命和经济的快速发展，随着工业社会向后工业社会的转型，随着民权运动和新工人运动的发展，欧美各国面临许多新的社会问题与社会冲突。为此，通过一系列"社会计划"和社会福利政策去调整利益格局、化解社会冲突、维护社会稳定、推动经济与社会的协调发展，便成为这些国家普遍面临的重大课题。但是，实施这些"社会计划"和福利政策，显然不能仅仅依靠单一的、有限的政府资源和行政权能，也不能单纯依靠非政府、非营利的社会服务机构，而需要形成能够有效整合各方资源、实现政府和非政府组织（特别是非营利社会团体）共同治理的制度安排，需要建立一套有利于非政府组织发育、发展的政策导向和法律规范，以及在社会分工原则下的政府与非政府组织之间合作互动的机制。正是在这一背景下，政府与社会之间分工合作的社会体制愈益完善。

概而言之，当今世界的发达国家、新兴工业化国家及地区，其社会体制的架构一般具有以下四大特征。(1) 政府与社会的分工合作。其核心是“政社分开”,即政府与非政府社会组织、非营利组织的职能分离以及事业目标的合作。按照该原则,政府主要负责社会管理与社会服务的政策指引、法律监管,而非政府组织或非营利组织则主要承担具体的社会管理和社会服务项目,并接受政府的监管。(2) 具有用以购买社会服务的公共财政体系。政府在每一财政年度都有专门的预算,并根据社会管理事务和社会服务需求的实际,通过招标或委托的形式向非营利组织(主要是社会工作机构)购买服务。而众多的社会服务机构则通过竞标或谈判的形式获得这些服务项目,并在社区、援助机构及其他场所向服务对象提供社会服务。(3) 对合法的慈善机构和非营利组织的收入实行免税政策。其中,包括大学、医院、慈善组织及其他非营利的社会服务机构等在获得慈善捐款后,有权向捐赠人开具免税的发票;非营利社会服务机构举办的微利性产业也一律免税(收入必须用于社会服务)。(4) 社会服务具有非营利性质。政府购买的和社会服务机构提供的服务皆具有非营利性质,其面向困难群体或边缘群体的服务项目一般不收费,面向中高档收入人群的服务则可以收取相应费用,但这些收入只能用作抵消运营的成本。

由上可见,起源于欧美发达国家的上述社会体制,虽然表现形式各不相同,但其在工业化、现代化进程中所具有的组织社会、化解社会矛盾、促进社会公平、实现社会民主与社会稳定的实际功能,以及促使政府和社会运行得更有效率的特点却是相同的。从这个意义上说,这也是一切后发国家在工业化、现代化进程中可资借鉴的宝贵财富。正因如此,笔者认为,本土化的中国社会科学特别是社会学,理应高度关注“社会体制”这个概念及其对我国社会主义现代化和社会转型的重要意义。

二、我国现行社会体制的变迁及主要问题

要了解我国的社会体制问题，就不能不谈政府的社会职能现状。所谓政府的社会职能，是指政府在社会发展领域中的职责及其功能。在实践中，政府的社会职能大致可分为社会发展的规划职能、管理职能和公共服务职能等三大类。然而，政府这些职能的实现模式及其效果却是由不同的社会管理体制所决定的。一般来说，高度集权的、“政社不分”的社会管理体制必然是功能替代主义的，即政府的社会职能必然是替代其他社会组织职能的行政全能主义模式；而“政社分开”的体制则是政府和非政府组织、非营利组织等各类组织分工明确、功能优化的体制，也是组织资源及社会资源充分开发利用的社会治理模式。

在我国计划经济时代，国家通过高度集中的行政体系管理着经济生活、政治生活和社会生活领域，企业、学校、医院等各类组织是政府的一个个下属“单位”，政府的职能与企业及其他社会组织的功能目标高度重叠。政府和“单位”一样，都是“全能主义”的角色，既承担了直接组织生产或教育、文化、医疗等职能，又承担了直接组织、管理社会以及有关的政治动员和管理职能。由此，每一个人实际上都成了“单位人”，现代意义上的市场、社会、社区以及企业和非政府的社会组织都成为陌生的概念。那时，社会体制实际上是“单一全能主义政府”的体制，特点则呈现为“政府—单位”的两极结构。

1992 年邓小平南方谈话发表以后，我国确立了社会主义市场

经济的体制目标,由此加快了以建立“政企分开”“社企分开”的现代企业制度为核心的国有企业改革的步伐。政企分开的实质是要解决“政企不分”“以政代企”的体制弊端,重点是解决政府和企业之间职能混淆、政府随意干预企业经营活动的问题,建立有利于生产力发展的市场经济体系,使企业和政府在市场体系中各尽其能、各得其所。社企分开的实质则是解决“社企不分”的体制弊端,将原来国有企业过于沉重的社会管理、社会服务职能剥离出去,便于企业轻装上阵,参与市场竞争。在这种情况下,国家及其通过国有企业对职工无所不包、无所不管的社会管理与社会服务职能,不可避免地需要被剥离和转移出去,而国有企业职工的“单位人”属性也不可避免地需要向“社会人”属性转变。问题在于,国家和企业所转移和剥离出来的那些社会管理与社会服务职能由谁来承接?显而易见,在当时,我国的社会改革尚未起步,各类非政府组织(NGO)和非营利组织(NPO)尚未发育起来,因而承接上述管理与服务职能的最佳角色只能是社区。

另一方面,随着城市下岗和失业群体的扩大、老年人口的增加、流动人口的增加以及居民对居住环境要求的提高,社区层面上的社会管理、社会服务与社会稳定的任务日益加重,政府管理的重心也日益下沉。与此形成鲜明对比的是,当时的城市行政管理权限大多仍滞留于市和区两级政府的手中,实施的仍是自上而下、纵向条线式管理为主的行政体制,而直接面对社区和居民的街道办事处则严重缺乏行政的综合协调和管理权限。显而易见,这种传统的城市管理体制,既无法担当国企改革保障者的角色,也无法适应城市社会管理重心下移的新形势。正是在这种情况下,1995 年,我国开始在全国范围内开展包括社区服务、社区管理、社区工作、社区自治等在内的全面的社区建设实践。通过社区建设,企业剥离出来的大部分社会管理与社会服务的职能比较顺利地转移到了街道办事处及社区。

经过十多年的社会变迁和社区建设,我国的社会体制已经从“政府—单位”的两极结构过渡到“政府—社区”的两极结构。在“政府—社区”的两极式社会体制下,政府对社会发展的积极性空前高涨,社区在基层社会建设上的责任愈益重要,政府在社会领域中的财政投入也逐年增加。毋庸置疑,这一过渡性的社会体制,为解决“政企不分”“社企不分”的计划经济体制弊端,承接企业转移出来的社会职能,推动社会主义市场经济体制的建立,维护社会的稳定,发挥了重要的、不可或缺的作用。

但是,我们也应看到,“政府—社区”的两极式社会体制仅仅是一种“过渡性”的社会体制,尚不是适应社会主义市场经济发展与和谐社会建设的新社会体制,还不是解决市场经济条件下社会问题的有效体制。支持这一基本判断的依据有以下几点:

第一,“政府—社区”的两极式社会体制虽然与“政府—单位”式的体制有差别,但这种差别仅仅是政府行政体系内部权力与职责的调整,其核心仍然是“政社不分”,仍然存在着严重的“以政代社”“以政干社”的旧体制问题。由此,政府在社会领域中不得不继续同时行使运动员和裁判员的职责,不得不继续同时扮演政策的制定者、实践的组织者、服务项目的提供者和问题的裁判者等多种相互矛盾的角色。

第二,就政府一极而言,政府在社会领域中的职能至今未能有效转变,未能与非政府的社会组织相区分。其结果是,一方面,政府仍然越位直接管了许多不该管、管不了也管不好的社会事务。

即使是对自己所办的非营利机构，许多政府部门也往往习惯于行政干涉甚至是包办代替，以致 GONGO① 即政府主办的非营利机构的“国企病”难以消除。而对于一些本应由非政府机构承担的社会事务，一些政府部门也不愿意“放权”。另一方面，面对一些新的社会问题，政府管理的责任却经常陷于“缺位”或不到位的尴尬境地。

第三，就社区一极而言，“以政代社”的问题依然十分突出。政府几乎包揽了社区建设与社区管理的一切事务，多样化的基层社会的社区事务基本上变成了单一的政府事务。与“政府—单位”式社会体制不同的是，从上级政府和企业剥离出来的社会职能不过是转移或“下移”给了基层政府的派出单位——街道办事处——而已。而且，随着经济体制改革的深化，社区的责任和职能被不切实际地夸大，其所承担的社会事务也越来越多。在这种情况下，社区的单位化倾向愈益严重，日益蜕变为一个什么都得管的“小而全”的、行政化色彩浓厚的“单位化社区”。而居民的社区归属感、认同度和参与感自然也就难以提升。

第四，就社会本身而言，“政府—社区”式体制下的社会的组织化程度相当低。我们知道，一个社会的组织化程度越高，社会的稳定性就越强，社会的活力就越容易被激发。但现实情况是，目前的体制客观上压缩了非政府机构或民间社会组织生存与发展的空间，致使“单位制”解体下的“原子化”个人在社会领域内并未被有效地组织起来，也未成为真正意义上的“社会人”。而政府通过原

① NGO 是 Non-Governmental Organization（非政府组织）的缩写，泛指那些不同于政府和企业的政治组织与非营利社会组织（Non-Profit Organization，NPO）。GONGO 则是 Governmental NGO 的缩写，意指由政府主办或政府控制的非政府政治组织和非营利组织。在我国，非政府组织、非营利组织一般被称为社会团体、民间组织或民间社会组织，而由政府主办或主导的这些组织则往往被称为官办组织。

子化的个人去了解、协调和保护各个群体特别是弱势群体的权益，实际上是非常困难的。这样，市场经济的张力所引发的社会分化和非稳定性的紧张要素就难以得到有效抑制或降低。

以上四个方面概括的是“政府—社区”式社会体制的基本问题和特征。由此可知，这些基本问题也是影响我们今天建立与社会主义市场经济相适应的新社会体制、有限的公共责任政府以及影响社会和谐的体制性原因。

三、如何推进我国的社会体制改革

面对市场经济的发展，面对社会结构的分化和地区的差异，面对不同的社会群体及各种困难群体和边缘群体的存在，构建社会主义和谐社会无疑是一项任重道远的伟大工程。在这一工程的建设中，需要调整国家的经济政策和社会政策，更需要重视社会体制的改革。如同经济体制改革是我国经济发展的前提条件一样，社会体制改革也应该成为我国今后社会发展与构建和谐社会的前提条件。

之所以说社会体制改革、建立新体制是建构和谐社会的前提条件，是因为，只有社会改革及其所促进的第三部门的发展，才能为社会主义市场经济的进一步发展提供坚实的社会环境与保障条件，才能为政治体制的改革和社会主义民主的进一步发展提供丰厚的社会基础。没有社会体制的改革和社会的稳定发展，片面追求经济的持续增长是不可想象的。同样，在我们这样一个发展中国家，缺乏经济增长和社会发展的政治民主是不可能有牢靠的根基的。

那么，怎样来推进我国的社会体制或社会管理体制改革呢？换句话说，与社会主义市场经济相适应的、能够推进我国和谐社会建设的新社会体制的基本架构应该是怎样的呢？要探讨和回答这个问题，既需要立足于我国的实际情况，又需要积极借鉴世界现代化史上的成功经验。笔者认为，应该重点解决以下四个方面的问题。

其一，“政社分开”基础上的政府与社会组织的分工与合作，是社会主义市场经济与和谐社会建设所需要的新社会体制的内核。因此，应该切实实现“政社分开”基础上的政府和社会组织的分工与合作。社会分工以及组织的职能分化，是自迪尔凯姆以来许多社会学家早就揭示了的并为后人所普遍认同的真理，是各类组织成本最低而效能最大化的前提。这里所谓的“政社分开”，是指政府部门与那些官办的或非官办的非营利社会服务机构之间的职责分工及组织分工，其可有效解决政府与非政府社会组织的功能重叠。分开不是对立，是为了更好地合作，更好地调动各自的资源与发挥各自的能力，共同参与社会治理的实践，一起实现特定的社会发展目标。需要强调的是，“政社分开”是前提，分工合作与共同治理是结果，而关键则在于政府社会职能的转变。

其二，在明确政府的社会责任和管理职能的基础上，围绕“政社分开”的核心原则，真正实现政府社会职能的转变，包括社会管理与社会服务在内的社会治理，无疑是现代政府的责任。但是，这并不意味着所有的管理和服务都应由政府直接提供，也不意味着政府是提供这些管理和服务的唯一主体。政府机构的职能和功能实际上是有限的。社会管理与社会服务主体的多元化、政府和社会的分工合作与共同治理是社会发展的客观趋势。因此，一方面，要将不该由政府承担的那些组织职能亦即不该管、管不了也管不好的职能和事务剥离出去，通过“政府购买服务”或者“委托管理”的方式转交给官办的和非官办的专业的非营利社会机构，彻底解决政府在社会管理、社会服务、社会保障等事务上的“越位”问题；另一方面，要针对社会发展进程中的新情况、新问题，努力解决政府在社会管理上的“缺位”问题，如公共财政的缺乏、对进城务工人员等流动人口的社会权益保护不到位等。

其三，制定积极的社会政策和公共财政政策，大力推动第三部门范围内的非营利组织（NPO）的发展。这既包括促使官办非营利社会组织（GONGO 性质的 NPO）的转型，使之成为自我决策、自我管理、自我成长的社会组织，也包括促使非官办的非营利社会组织（NGO 性质的 NPO）发育发展。要充分认识 NPO 在市场经济条件下组织社会、服务特定社会群体以及稳定社会方面的重要角色和作用，充分认识公共财政政策在建构新社会体制中的作用。为此，政府可通过方便登记、购买社会服务或委托社会服务、慈善服务以及免税政策和制度化的监管渠道，鼓励 NPO 的发育和发展。我们原则上并不否定 NGO 即非政府组织的概念，但更愿意使用 NPO 的概念。鉴于 NGO 具有非政府政治组织和非政府社会组织两类属性，概念上没有 NPO 清晰，同时根据我国的历史和现代化发展的客观需求，我们主张积极发展 NPO，谨慎、限制发展政治类的 NGO。

其四，通过政府社会职能的转变和 NPO 的发展，建立党与社会的新关系。这也是中国特色的社会体制建构之所需。在计划经济时代，我们党与社会的关系是建立在“单位制”的基础上的，那时党和社会的关系结构是比较简单的。但是，随着市场经济的发展，随着“单位制”的解体和“单位人”向“原子化的社会人”的转变，党和社会的关系无疑变得日益复杂起来。今天,作为中国特色社会主义现代化事业的领导核心,我们党仅仅通过企业、学校、医院等单位以及社区这样的"准单位",确实已经很难全面正确地认识社会以及把握各个社会群体的实际需求和愿望,很难使自己的政治影响和社会影响全面地覆盖到各类社会群体。这就要求我们党主动介入社会发展的进程,一方面积极推动政府社会职能的转变和公共财政政策的制定;另一方面积极引导和推动 NPO 的发育和发展,利用 NPO 这个平台去组织社会,实现自己影响的"全覆盖"。

政社分开：我国社区建设制度创新的必要条件[①]

徐永祥

随着经济与社会的进一步转型，我国现行的社区建设体制“两级政府、三级管理、四级网络”的结构性缺陷愈益凸显出来，其也越来越难以担当促进基层社区的社会发展、社会管理与社会服务的制度角色。构建以人为本的和谐社会，离不开社区建设的制度和体制创新。按照“政社分开”的原则，切实转变政府的社会职能，积极引入现代社会工作这一制度要件，努力构建政府与社会之间的分工合作体制，是我国社区建设制度创新的必要条件。

一、现行社区建设体制的由来

我国现行的社区建设体制是在特殊的经济与社会背景下形成的。不难发现，经济体制改革的深化是社区建设的最初动力源。一方面，1992 年邓小平南方谈话发表以后，我国确立了社会主义市

① 本文曾发表于《华东理工大学学报（社会科学版）》2004 年第 4 期，此次收录略有修改。

场经济的体制目标,并加快了国有企业改革的步伐。其时,切实转变政府的经济职能,解决以往“政企不分”“以政代企”和“社企不分”的旧体制弊端,便成为构建社会主义市场经济的必要条件和应有之义。而其实践的社会意义则在于,通过“社企分开”,原来相混淆的企业和社会的组织功能得以分化,企业长期被国家所赋予的一些社会管理和社会服务职能开始转移和剥离出来,企业职工的“单位人”属性也随之开始向“社会人”属性转变。这就带来一个历史性的问题,即国家和企业所转移和剥离出来的那些社会管理与社会服务职能由谁来承接,愈益众多的“社会人”由谁来管理?

另一方面,随着改革开放和社会转型的加快,社会利益的分化、城市下岗与失业群体的显性化、人口的老龄化、农村剩余劳动力向城市的转移、社会犯罪的多样化等一系列后发国家面临的现代化问题,已经成为我们不得不面对的社会现象。在这种情况下,整个社会层面的管理与稳定的任务日益沉重,城市管理的重心也日益向社区下移。而此时的城市行政管理权限大多仍滞留于市和区两级政府的手中,实施的仍是自上而下、集中式的、纵向条线管理为主的行政体制,那些直接面对社区和居民的街道办事处则严重缺乏行政的综合协调和管理权限。显而易见,这种传统的城市管理体制,既无法担当国企改革保障者的角色,也无法适应城市社会管理重心下移的新形势。这就带来另外的问题,即政府还能沿袭传统的、高度集中的社会管理体制去管理社会吗?社会管理的职能还能由政府一极去承担吗?

显然,经济体制改革的实践事实上已经催生了社会体制改革的任务。解决上述两方面的问题,归根结底有赖于社会体制的改革。而以“政社分开”为原则,切实转变政府的社会职能,实现政府与非政府组织（NGO）在分工合作的基础上对社会的共同治理，则是社会体制改革的核心。但是，人们在整个二十世纪八九十年代对现代化的理解尚未跳出经济主义的藩篱，尚未看到社会体制改革的必要性和紧迫性。与此同时，我国各类非政府组织（NGO）和非营利组织（NPO）尚未发育起来，“政社分开”的改革条件尚不具备。理论和现实的条件，决定了我们关于社会管理和社会服务的新探索只能依赖原有的体制框架。也就是说，只能进行“体制内”的创新，而非制度创新。

上述背景也是我国社区建设及其体制建构的历史前提。正是在这种背景下，上海市于 1994 年率先在全市范围内开展了包括社区服务、社区管理、社区工作、社区自治等在内的全面的社区建设实践。接着，全国其他地方也积极开展了社区建设实践。通过社区建设，由企业和上级政府剥离出来的社会管理与社会服务的职能，大都比较顺利地转移到了街道办事处及社区。与此同时，各地几乎都建立了适应这种转移的社区管理体制，即“两级政府、三级管理、四级网络”的体制，尽管其形式各不相同。

“两级政府、三级管理、四级网络”体制的特点是，将市和区两级政府及其有关职能部门的社会管理权能下放或者分权给街道办事处，赋予街道办事处对社区管理的“准政府”的权能，变过去“以条为主，以块为辅”的行政体系为“以块为主，条块结合”的体系。同时，该体制还赋予街道办事处诸如设置社区服务中心等事业单位、监督区级政府职能部门派出机构工作状况、审批社区民间社团等权责，赋予居委会（现在许多地方已改称社区委员会，居委会干部改称社区工作者）对居民小区进行行政管理和有关社区服务的部分职责。

十年来社区建设的实践表明,“两级政府、三级管理、四级网络”与以往旧的城市管理体制相比具有明显的优势:其一,加强了政府在基层社会管理和服务第一线的人力、物力和财力的投入;其二,初步理顺了政府在基层社区行政管理上的条块关系,有利于发挥第三级即街道办事处社区建设的积极性和创造性,有利于提升政府的行政权威与效能;其三,有利于居委会干部安心和专心于社区工作事务;其四,有利于党和政府加强对基层社区的管理。正因为此,这一时期的社区建设搞得轰轰烈烈,既为社会主义市场经济体制的确立创造了有利条件,也使得社区的卫生健康、生态绿化、精神文明、社会保障、治安状况以及社区自治等获得了显著的改变。

二、当前社区建设与管理体制的结构性缺陷

虽然“两级政府、三级管理、四级网络”体制有其特定的、暂时性的历史优势,但由于其仅是行政体制内部的一种创新,并未涉及国家与社会的关系,没有触动“政社不分”“政社混淆”的社会体制和模式,故不可避免地存在着难以克服的结构性缺陷。其结构性缺陷突出表现在以下四个方面。

其一,行政全能主义的弊端仍然非常突出。在社区这个平台上,政府与社会组织之间至今仍然缺乏明确的职能分工,政府几乎包揽了社区建设与管理的一切事务。这种政社职能混淆的社区体制,一方面使得多样化的社区事务基本上变成了单一的政府事务,政府管理社区事务的行政机构及人员编制的扩张冲动无法得到抑制,以致政府管理的经济、政治和道义成本愈趋高昂。另一方面,

它使得社区自身所需要的各类居民的自组织以及非政府、非营利的社会服务机构（NGO、NPO）始终难以发展壮大起来，而从“单位人”逐步变成“社会人”的居民，非但没有强化自己对社区的归属感和认同感，反而进一步强化了对政府的依赖性。

其二，基层政府社会职能错位严重。一方面，社会职能有限的政府仍在扮演无限政府的角色，越位包揽了许多不该管也难以管好的、本该由非政府组织或居民自治组织承担的社区事务。如有些基层政府仍直接组织各种社区文化活动和公益慈善活动，直接或间接地管理一些居民团队的活动。另一方面，政府社会管理职能的缺位现象也十分突出：本该由政府直接承担的诸如计划生育、国防教育、社会治安等工作一直没有“沉底”下去，却交给居委会去负责；不会或不善于对居委会及其他居民组织的政策进行指导，却仍习惯于进行政治领导和业务指挥；本应由各级政府承担的推动NGO、NPO发育发展的政策引导职能和购买社会服务的公共财政职能也至今没有得到应有的重视。正是这些社会职能的越位和缺位，使得政府在社区建设中不得不同时扮演政策的制定者、实践的组织者、服务项目的提供者和问题的裁判者等多种相互矛盾的角色。

其三，社区的单位化陷阱愈益明显。在政社不分的体制下，社区日益蜕变为一个什么都得管的“小而全”的、行政化色彩浓厚的、变相的“单位化社会”。各级政府以及半官方的群众组织，无不热衷于将一些本该由自己承担的行政事务或者专业性的社会福利服务事务“下放”给街道办事处和居委会等体制内、社区内的组织。例如，居委会这个只有5~7个成员的社区组织（目前一些地方在“议事分离”的基础上，将原来的居委会的行政职能转移给“社区工作站”或“社区服务站”等），就承担了10个大类、100项以上的需接受政府考核的任务。社区工作者或“居委会干部”乃至街道官员一直戏称的“社区是个筐,什么都往里面装”“突击工作经常做,经常工作突击做”的现象至今仍然没有改变。[1]社区的这种单位化现象,一方面使得目前的社区建设具有强烈的排外性,居民需要的一些专业社会服务组织难以进入社区提供服务;另一方面,街道办事处及其社区内和体制内的组织,也没有能力将这些性质各异、内容杂多的社会职能和专业社会服务承揽于一身。

其四,社区工作模式的粗放化和经验化。由于体制上的政社不分,加之非政府的专业社会服务组织难以进入社区服务领域,故目前的社区工作基本上仍然停留在粗放的、经验主义的运作阶段。这种粗放的、经验主义的社区工作模式,一方面使得社区服务人员的收入和社会声望难以提高,使得社区服务人员的职业声望一直徘徊在极低的水平[2];另一方面,又使得社区工作很难实现专业化,很难成为令人尊敬的专门职业,很难吸引大批的高素质专业人才加入。由此,社区服务不得不限于经验型的工作或简单的劳务活动,无法为社区居民提供他们迫切需要的各种公益型、非营利的或微利的专业社会服务。

由于“两级政府、三级管理、四级网络”的社区建设体制存在不可避免的缺陷,已经难以适应目前城市社区日新月异的发展和变化,现代社区管理存在的复杂性和艰巨性特点也呼唤社区建设做出进一步的制度创新和体制创新。

三、现代社会工作制度是社区体制创新的有效抓手

国际经验显示:当后发国家的人均 GDP 达到 1 000~3 000 美

元的时候，其面临的社会问题更为复杂，社会转型和社会体制改革的任务更加艰巨。经过二十多年的改革开放，我国的人均 GDP 也已迈上了 1 000 美元的台阶，因而我们面临的社会问题也愈趋复杂化。因此，注重社会层面的制度创新和体制创新，注重经济与社会的协调发展，乃进一步实现现代化的应有之义。

就社区建设而言，在我国市场经济体制建立的初期，如果说"两级政府、三级管理、四级网络"这种单一的行政全能主义体制尚能维持社会管理和社区建设进程的话，那么，在我国现代化即将起飞的今天，在社会发展的任务日趋重要、社会管理的难度日趋加大的情况下，这种具有结构性缺陷的体制和模式则是难以为继了。为此，必须用改革创新的精神，以现代社会工作为抓手，着力建构与我国现代化进程相适应的现代社会和现代社区的新体制、新模式。

参考文献

[1] 徐永祥. 社区发展论[M]. 上海：华东理工大学出版社，2000.
[2] 许欣欣. 从职业评价与择业取向看中国社会结构变迁[J]. 社会学研究，2000，15(3).

政社分工与合作：社区建设体制改革与创新研究[①]

徐永祥

社会主义市场经济的发展、单位制的解体，是我国开展社区建设最深刻的背景条件。我国现行的社区建设体制本质上是一种政社不分的“政府全能主义体制”，虽然在计划经济向市场经济加速转型的20世纪末和21世纪初，面对“单位制社会”的解体，它曾经在社会管理方面发挥了重要的过渡作用；但是，在建设与市场经济相适应的和谐社会的新阶段，这一体制的内在弊端和深层次矛盾却日渐凸出，越来越难以承担社区的社会发展、社会民主、社会治理与社会服务的制度角色。显然，社区建设的深化有赖于社会体制的改革和创新，关键是要按照“政社分开”的原则建构现代性的、政府与非政府社会组织之间的分工合作体制。

一、我国开展社区建设的历史动因与背景

社区是基层社会的概称。讨论社区建设体制的创新，离不开

---

① 本文曾发表于《东南学术》2006年第6期，此次收录略有修改。

对我国开展社区建设及现行社区建设体制形成的背景的再认识。严格来说，在计划经济时代，我国特有的经济、政治和社会体制，使得我们的社会不存在也不需要现代意义上的社区。即使在改革开放最初的15年，由于“单位制社会”并没有解体，我国的现代化建设始终没有使用过社区发展或社区建设的概念。实际上，我国的社区建设只有十多年的历史。为什么在计划经济时代，我国不存在现代意义上的社区呢？这是因为，当时的国家（政府）通过高度集中的行政体系管理着经济生活、政治生活和社会生活领域，政府的职能与企业及其他经济和社会组织的功能高度重叠，而企业、学校、医院和人民公社等各类组织只不过是政府的下属“单位”。在这种情况下，政府和“单位”一样，都扮演着“全能主义”的角色，它们不仅承担着组织生产或教育、文化、医疗等活动的职能，又负有直接组织、管理社会以及有关的政治动员和管理的职能。所以，当时的社会体制，本质上是一种“政社不分”的国家一元体制，形式上则表现为“政府—单位”的两极结构或“单位人体制”。这种体制决定了社会成员只能作为“单位人”而存在，人们的利益纽带一般无法逾越自己所属的“单位”；也决定了单位不仅成为社会成员谋生的经济载体，获取社会关怀、社会支持和社会保障的最基本的社会载体，也是国家对社会成员实行政治、经济、社会管理的最重要与最有效的组织载体。正因为如此，“公民对于自己所属的单位有着高度的依附性与依赖性、强烈的认同感与安全感，而对于自己的居住地则始终无法生成社区归属感、社区认同感和社区意识，当然也谈不上居民意识”[1]。至于当时人们的居住地，国家实行的只是“地区管理”意义上的户籍管理，以及政府对城镇非就业者、无劳动能力的残疾人员、无子女赡养的孤寡老人等人群提供的社会救助、社会保障和社会管理。总体来看,当时人们的居住地并不具有社区的功能,而地区管理只是单位人管理的一种补充或辅助性措施。

那么,如何认识民政部在20世纪80年代中期推行的社区服务?换句话说,能否将20世纪80年代中期所讲的社区服务视为社区建设,能否认为"我国开展社区建设已经有近20年的历史"[2]?对此,笔者的看法是,不能将当时所讲的社区服务视为社区建设的开始,理由有如下两点。其一,当时民政部对社区服务的宗旨、内容的理解,基本上还局限于传统的地区管理的范畴。如1987年在大连的民政工作现场座谈会上,民政部首次提出社区服务的概念,将其定位为"在政府的领导下,发动和组织社区内的成员开展互助性社会服务活动,就地解决本社区的社会问题"[3]。其二,当时我国尚不具备开展社区建设的经济社会条件。因为直到1992年以前,我国经济体制改革的实践还处在"摸着石头过河"的状态中;那种以计划为主的经济体制和"政府—单位"两极结构的社会体制并未受到根本性冲击,城市居民的单位人属性并未得到实质性改变;除了无单位归属的部分残疾人、孤儿、孤寡老人以外,绝大多数城市居民的利益和福利仍然由自己的单位提供,与"社区"即居住地之间仍然普遍缺乏利益纽带。这样,社区发展或社区建设自然没有客观的要求和条件。

应该看到,社区建设之所以得以开展,其深刻背景就在于社会主义市场经济体制的确立和发展以及"单位制社会"的解体。这既是科学分析的逻辑,更是历史进程本身的逻辑。由此判断,我国开展社区建设的起始时间应该在20世纪90年代中期,即1994—1995年。这是因为,1992年,邓小平发表了对我国改革开放具有"第二次思想解放"意义的南方谈话,提出了诸如"计划经济不等于社会主义”“市场经济不等于资本主义”“社会主义也可以搞市场经济”等一系列振聋发聩的崭新观点。此后，在全党学习领会邓小平南方谈话精神的基础上，确立了社会主义市场经济体制的改革目标，并由此加快了以“政企职能分开”、“社企职能分开”、建立现代企业制度为核心的国有企业改革步伐，随后又开始了事业单位改革。正是社会主义市场经济体制目标的确立及其实践，使得“政府—单位”的“单位制社会”解体，社区建设的发展由此获得了客观现实的动因和历史条件。一是随着国有企业、集体企业开始剥离以往那些不属于企业范畴的社会服务和社会管理职能，也随着其他所有制企业的愈益增加，无所不包的“单位人体制”开始解体，职工的“单位人”属性也不可避免地开始向“社会人”属性转变。也就是说，面对市场竞争，企业不再愿意、也没有能力继续承担职工的婚丧嫁娶、子女教育、家庭纠纷的调解、退休职工的养老和医疗等社会职能，职工的“单位人”属性难以为继。而“单位制社会”的解体，既是建立市场经济框架和现代企业制度的前提条件，也是发育现代社区和社会的前提条件。二是社会主义市场经济的发展，客观上也要求教育、文化、科学技术、卫生等“事业单位”按照“政事职能分开”“事社职能分开”的原则，将它们原来承担的社会服务、社会保障和社会管理等职能剥离出来，使这些职能回归社会和社区。由此，事业单位职工的“单位人”属性，也不可避免地向“社会人”属性转变。三是企业和事业单位剥离出来的社会职能及社会事务需要合适的组织来承接，“社会人”的社会需求和社会问题需要相应的社会管理体制来满足和解决。这样，客观上要求人们居住地的政府和其他组织能够承担或发挥更多的社会功能或社会属性，并调整城市管理体制。四是由于居民住宅的逐步商品化，进一步催生了一个庞大的拥有私人财产的市民社会阶层，居民与自己居住地的社区联系或利益纽带第一次有了实质性的意义，人们居住地的社区形态、社区功能及社会属性愈益凸显出来。五是由于城市下岗职工和失业群体的扩大、老年人口的增加、人口流动的加大以及居民对居住环境要求的提高，社区层面上的社会管理、社会服务与社会稳定的任务日益繁重，政府城市管理的重心日益向居住地下沉。这也使得原来“地区管理”的内涵、外延和重要性不断拓展，由简单的“地区管理”向综合性的“社区建设”和“社区管理”转变。虽然不平衡发展的规律决定了我国各地市场经济发展的步伐并不统一，“单位制社会”的解体有快有慢，开展社区建设的时间及社区建设的内容也并不一致，但是，各地开展社区建设的客观原因及背景条件则始终离不开上述五个方面的动因和历史条件。

二、现行社区建设体制的基本特征及其弊端

所谓社区建设体制，既包括社区的行政管理体制，即政府在这个基层社会实施的管理体制及相应的社会政策；也包括社区的社会体制，即政府、非政府组织（民间组织）、居民等在社区中的关系，以及由这些关系所决定的发展动力、组织职能、运行机制、社会政策等要素。

综观我国现行的社区建设体制，可以发现这样一个现象，即政府行政管理体制层面的架构相对比较成熟，参与社区管理的政府各部门的关系也比较稳定；但社会体制层面的架构、内容还很不成熟，政府角色的越位与缺位问题突出，社会要素发育相当缓慢，社区的社会性相当弱。概括来说，就是“只见政府，不见社会”，或只

有行政性，没有社会性，这也是目前社区建设在体制上最显著的特征。

回顾十年前，当社区建设刚起步的时候，城市行政管理的权限基本在市和区两级政府的手中，实施的是自上而下、集中式的、以纵向条线管理为主的行政体制；而这种行政体制直接作用于社区和街道办事处的最大问题就是，普遍缺乏社区建设的财权、事权及行政的综合协调和管理权。显而易见，这种计划经济时代的城市管理体制，既无法担当国企改革保障者的角色，也无法适应城市社会管理重心下移的新形势。

1995年底、1996年初，为适应社区建设的要求，上海市委、市政府在深入调研和充分听取社会学家建议的基础上，逐步出台了一系列加强城市第三级管理即社区行政管理的改革举措。1997年1月，上海市人大常委会又以立法的形式通过了《上海市街道办事处条例》，确认了第三级管理体制。这以后，各地纷纷参照上海的经验，出台了相关措施。由此，城市社区建设实践的体制——“两级政府、三级管理、四级网络”——基本形成，尽管各地的具体做法或模式不尽相同。这个体制表达的基本意蕴是：市政府和市辖区政府是社区建设的两级行政责任主体；市政府和区政府以及区政府的派出机构——街道办事处，是政府自上而下负责社区管理的三级科层；居民委员会作为政府依托的城市基层组织，构成了社区建设的第四级科层。同时，随着城市管理重心的不断下移，“三级管理”意味着政府各个“条块”在社区的管理或政府在社区的权力结构是“以块为主，以条为辅，条块结合”的架构，即在社区建设上，街道办事处直接负责协调、落实各级政府的有关政策。

应该说，“两级政府、三级管理、四级网络”的体制，是政府面对

“单位制社会”的解体和城市管理重心下移的要求,主动对城市行政管理体制改革的结果。其核心是推动市和区两级政府及其有关职能部门实现权力下放和分权,以街道办事处为主体,强化政府在社区层面即在第三级的行政权力与行政效能。其主要内容包括以下五个方面。(1) 按照“以块为主,以条为辅,条块结合”的方针,加强街道办事处对社区事务的综合管理和协调管理的权力与职能。例如,街道办事处虽不是一级政府,但享有城市规划(主要是社区规划)的部分权力,对社区环境卫生、社会救济、计划生育等事务拥有直接管理权,对辖区内公安、工商、税务等执法部门的活动拥有综合协调权,等等。(2) 为了强化街道办事处在社区建设中的行政权威,对一些政府专业职能部门的派出机构实行双重领导制。例如,对公安、工商、税务等派出机构,虽由职能部门领导为主,但街道办事处享有“一票否决权”,对环境卫生、房管等机构,则以街道办事处的领导为主。(3) 按照“费随事转”的原则和财政返还的办法,加强街道办事处在社区建设上的财政经费支配能力。目前,一些大城市的街道办事处的年度财政经费支配额度,少的一般都有数千万元,多的则高达数亿元。(4) 按照政企分开、政事分开的原则,将街道办事处原来承担的一些社会服务、生产经营性事务以及居委会经营的“小三产”分别剥离出来,划归下属的服务中心或资产经营机构,以加强街道办事处在社区层面的行政管理职能和提高行政效率。(5) 在居民委员会所管辖的居民小区建立第四级的社区管理和社区服务网络。有的地方为了保证居委会成员可以安心和专心于社区管理与服务工作,还按照居民区实际人口的比例给予居委会工作人员若干事业单位编制。

与传统的地区管理体制相比,上述“两级政府、三级管理、四级网络”的社区建设体制或模式，具有明显的优势和作用：一是初步理顺了政府在基层社区管理中的条块关系，有利于调动和发挥街道办事处和政府各职能部门在社区建设中的积极性；二是大大加大了政府在社区建设第一线的人力、物力和财力投入，使得社区第一次成为各类行政资源关注或倾斜的地方；三是有利于居委会成员安心、专心于社区工作，有利于党和政府加强对基层社区的管理；四是企业剥离出来的大部分社会服务与社会管理职能，借此体制比较顺利地转移到了街道办事处及其所管辖的社区。总之，上述体制经过十年来的实践，从根本上改变了城市社区的卫生、绿化、道路等状况，建立起日益完善的便民利民的社区服务和体育文化设施，提升了社区的治安环境、文化氛围质量，使得人们的居住区越来越像社区了。

但不管怎么说，上述体制仅仅是政府内部行政权力与职能的重新分配而已，并没有改变传统社会体制的本质。因为从社会体制的角度来看，它并未超越计划经济时代政府行政机构在社会领域中“政社不分”“政社混淆”“以政代社”的弊端，并没有能够重新建构政府与社会（社会组织）的应有关系。在社区建设的实践中，这种“政社不分”的政府职能或行政化的体制的弊端，突出表现为政府角色与职能的越位和缺位。

政府角色的越位，指的是政府在行政过程中超越了其应有的职责和权限。在社区建设中，这种越位问题主要表现在三个方面：一是“以政代社”，政府包揽了许多本应由非政府、非营利社会组织承担的职能与事务，如直接组织和承办大量的社区公益性慈善活动、志愿者活动、社区服务、科普活动等；二是“以政干社”，政府习惯于将官办的非政府、非营利社会服务组织、自治组织作为自己的附属来领导，并随意干预、直接管理它们的日常活动，同时自觉或不自觉地排斥非官办的非政府组织、非营利组织的发育及其对社区事务的介入；三是财政安排的某些“过度投入”，如社区服务中心、文化活动中心等本可招募大量的社区志愿人员开展工作，而现实却是其中的工作人员绝大多数为受薪的专职人员，又如，许多地方招聘社区外的人员担任居委会主任并给予事业单位编制，也是一种过度投入。

政府角色的缺位，指的是政府在行政实践中未能扮演好自己的管理者角色，未能善尽自己应有的职责。相对而言，我们对政府的越位问题谈论得较多，而对缺位问题则关注不够。事实上，政府在社区建设中的缺位问题也是比较严重的，这主要体现在以下四个方面。一是对非政府的社会服务机构、专业化与职业化的社会工作机构等第三部门社会组织发展的意义认识不到位、政策培育不到位，仍然习惯于自己直接从事社会服务或公益性事务，习惯于既做裁判员又做运动员。即使是上海这样一个社会发育相对成熟的国际化大都市，笔者最近碰到的一些区政府和街道办事处的党政领导仍然会说：“我们自己做得很好，为什么还要民间组织？”二是公共财政政策的缺位，政府的财政预算普遍缺乏公共社会服务预算以及激励慈善事业的税收政策。对包括社会工作机构在内的那些介入社区建设的非政府、非营利的专业社会服务团体，乃至政府自己办的一些非营利的专业社会服务团体，许多地方的政府至今仍不懂得、不习惯或未能依据公共财政政策给予它们必要的资助或“购买服务”。三是大多数基层政府官员至今仍不懂得、不习惯或不善于向诸如居民委员会、业主委员会、志愿者协会或社区维权组织提供政策指导和帮助，而仍然习惯于以领导者的角色自居。

四是面对一些新的社会问题，政府的管理责任却经常陷于“缺位”或不到位的尴尬境地。尤其是传统体制外的许多社会管理与服务的盲点无法顾及，如在社区生活中，外来民工的就业指导与维权、边缘群体的再社会化、弱势群体的自助和自立等普遍没有社区专业人员辅导，网络成瘾和“问题青少年”没有归口机构进行辅导教育等，而所有这些又极易引发新的社会矛盾和犯罪问题。

概括来看，上述越位与缺位是社区建设体制单一行政化问题的两个方面，核心或根源在于“政社不分”，其后果则在于：政府在社会领域中的职能至今无法有效地转变，无法与非政府的社会组织职能相区分；政府仍然承担着全能主义的角色，自觉或不自觉地包揽着社区建设与社区管理的一切事务，多样化的基层社会的社区事务基本上变成了单一的政府事务；社区的单位化倾向愈益严重，日益蜕变为一个“小而全”的、行政化色彩浓厚的、封闭且严重排斥外来服务组织的“单位化社区”；非政府机构或民间社会组织生存与发展的空间极其狭隘，导致“单位制”解体后的个人在社会领域里并未被有效地组织起来，并未成为真正意义上的“社会人”，故社会缺乏内在的稳定性；政府投入的经济成本、政治成本和道义成本很高，社会效益却普遍低下，不仅社区社会服务难以走向人本化、科学化和专业化，且居民对社区的归属感、认同度普遍不高，社区的社会功能还极其有限。

三、社区建设体制改革创新的必由之路

由上可见，我国现行的社区建设体制始终具有内在的结构性缺陷，即只有行政性而无社会性。或者说，现在的社区建设体制只

是政府内部的行政管理体制，仅仅梳理了在社区建设上政府各个部门的关系，而未能建构起政府与社会的新型关系，故只有政府一方的积极性，而无法生成各类社会组织等多方参与社区建设的能力和积极性。诚然，这个行政性的社区建设体制在20世纪90年代和21世纪初，在“单位制社会”解体的过程中，为解决“政企不分”“社企不分”的计划经济体制弊端、承接企业转移出来的社会职能、推动社会主义市场经济体制的建立与完善、维护社会的稳定，发挥了重要的、不可或缺的过渡性作用。但是，在建设与市场经济相适应的和谐社会的新阶段，这个体制的内在弊端和深层次矛盾则日渐凸出，越来越难以承担社区的社会发展、社会民主、社会治理与社会服务的制度角色。

根据国际社会的一般经验，在现代化的进程中，当一个国家或地区的人均GDP达到2 000美元左右的时候，贫富差距一般会急剧扩大，弱势群体人口会相对增加，社会不稳定因素会迅速积聚，利益矛盾和冲突难以整合。此时，维持经济的高增长和社会的稳定就需要一个比较成熟的公民社会以及政府与公民社会组织分工合作的社会管理体制。比较而言，目前我国的经济增长已经处于起飞阶段，人均GDP接近了2 000美元。与此相应的是，社会利益分化的进程明显加快，反映贫富差距的基尼系数已达0.45，形成了数量较为庞大的弱势群体、边缘群体和高危的问题人群。更为严重的是，伴随着“单位制社会”的解体，整个社会的组织化程度极低，不仅弱势群体、边缘群体等获得的社会支持严重不足，而且引发了较高的社会犯罪率。显然，在社会矛盾日益突出的今天，如果一味沉醉于经济的自由发展而缺乏有效的社会管理体制、利益整合机制与社会政策，就很容易爆发社会危机。同样，如果社区建设始终只有政府一方的积极性而没有社会的积极性的话，那么，现代社区的社会服务、社会支持、社会发展、社会民主和社会治理等一系列功能就难以实现。因此，社会的进步和发展、社区建设的深化，无不有赖于社会管理体制的改革和创新。应该看到，社区建设是整个和谐社会建设的基础或重要组成部分，讨论社区建设的体制离不开对整个社会管理体制的研究。或者说，要把社区建设体制的改革创新纳入整个社会管理体制改革的宏观视野，高度重视社会管理体制改革创新的意义，积极借鉴国际社会建设的成功经验，构建和谐社会所需的社区建设新体制。

那么，社区建设中的社会管理体制改革与创新的必由之路在哪里呢？笔者认为，其关键在于围绕“政社分开”的核心原则，切实转变政府的社会职能，积极培育民间社会组织，建立现代公共财政体系，努力构建现代性的、政府与社会的分工合作体制。为此，可从以下四个方面加以把握：

首先，“政社分开”原则及在其基础上的政府和社会组织的分工与合作，是社区建设体制创新的根本要件。明确区分各类组织的职能，是国家、市场和社会诸领域良性发展的必然要求，也是各类经济组织、社会组织、政治组织运行成本最低而效能最大化的前提。而我国的社区建设，目前最大的问题或根源性的问题就是“政社不分”。所以，社区建设体制创新的根本任务就是要实现“政社分开”，解决政府部门与各类社会组织之间的目标重叠和功能混淆问题，实现各自的职责分工、组织分工以及分工基础上的有效合作，更好地调动各自的资源与能力，共同参与社区社会治理的实践，共同实现特定的社区发展目标。

其次，切实转变政府的社会职能，解决政府职能的越位和缺位问题,是实现“政社分开”的重要环节。在社区建设中,社会管理、社会治理、社会福利与社会服务等都是政府的责任。这样说并不等于社区中的社会事务都应由政府包揽,也并不意味着政府是这些管理和服务的唯一主体。事实上,政府在社区和整个社会领域中的职责和功能都是有限的,与非政府组织或非营利组织实现分工合作是必然趋势。因此,转变政府的社会职能就意味着:一是将政府不该管、管不了也管不好的社会职能和事务剥离出去,通过“政府购买服务”或者“委托管理”的方式,将那些社会事务转交给各类专业的非营利社会服务机构去运作和管理;二是解决政府在社区建设中的职能缺位问题,如缺乏对社区居民的社会福利和社会服务的公共财政支持,忽视了对居住在本社区的进城务工人员的社会权益的保护,等等。这里,笔者还想强调的是:政府在经济领域中转变自己的职能,实现“政企分开”,让渡一些经济权力,会换来税收和财政收入的增长;但政府在社会领域中转变自己的职能,不仅意味着需要让渡部分管理社会的权力,而且还需要大大增加对社会领域的投入。所以,政府社会职能转变的难度可能要远远大于经济职能的转变过程,监督、推动政府社会职能的转变应是全党和全社会的责任。

再次,积极培育和发展非政府、非营利的社会服务组织,尤其是专业性的社会服务机构,是实现“政社分开”、政府社会职能转变和社区发展的重要内容。当前的社区工作和社区服务的模式,基本上仍然停留在粗放的、经验主义的运作阶段,无法为社区居民提供他们迫切需要的各种公益性、非营利的专业社会服务。而且,极浓的行政化色彩使得目前的社区实际上已经陷入了一个所有社会事务都要自己管的单位化陷阱,使得它具有强烈的排他性特征,凡社区外的或体制外的，而社区居民又急需的各类专业社会服务组织很难介入社区发展的实际运作。事实上，社会分工的客观法则，街道办事处以及居民组织等社区内的组织及其人力和物力条件，皆决定了社区自身不应该也无法将许多性质各异、内容杂多的社会职能和事务承揽于一身，尤其是专业性强的社会治理和社会服务事务。因此，今后在社区服务的组织建设上，既要鼓励社区内的居民依法成立以邻里互助为目的的社区志愿团队，又要促使各级政府所办或所属的社区服务中心、社区文化活动中心、社区敬老院等机构实现组织形态及其社会功能的转型，使之真正成为自我决策、自我管理、自我成长的社区组织。然而，更加重要的是，社区建设要积极引入“跨社区”的、民间的专业社会服务机构，特别是专业的社会工作机构。这些民间的专业社会服务机构对社区建设事务的介入，可以跨越当前的社区单位化和行政化陷阱，有效调动各类资源，为社区居民提供各种急需的包括社会福利、社会保障、社会支持、社会维权、社会辅导等在内的专业服务。其中，引入现代社会工作制度，既是社会管理体制改革和推进社区建设的必然要求，也是提升整个社会文明和社区服务水平的必由之路。

最后，改革传统的财政制度，建立有利于社区建设创新发展的现代公共财政体系，是“政社分开”的社会管理体制的重要组成部分，也是提高社区社会福利与社会服务水平的物质前提。无论是为了改善社区内外的公共资源的配置方式，还是为了提高公共资源的使用效率和社会服务的质量，或者是为了扶持非营利社会服务组织的发展，都有必要加大财政制度的改革力度，加快公共财政体系的建构，推行政府购买社会服务的体制和政策。此外，还应改变对各类社会服务机构的模糊定性，明确将其定性为“非营利机构”,以区别于其他营利性的机构,并在财政资助、免税政策、用地建房等方面给予其实质性的扶持。这些都是现代公共财政体系的重要内容,也是发达国家及地区、新兴工业化国家及地区在社会管理上得以成功的重要经验。

参考文献

[1] 徐永祥. 社区发展论[M]. 上海: 华东理工大学出版社,2000.

[2] 丁元竹. 必须厘清社区的真正本质[N]. 文汇报,2006-05-10(5).

[3] 李宝梁. “城市社区服务”的理论界定[A]//李亚平,吴铎. 1997年YMCA社区服务国际研讨会论文集[C]. 上海: 华东师范大学出版社,1997.

[4] 雷洁琼. 转型中的城市基层社区组织: 北京市基层社区组织与社区发展研究[M]. 北京: 北京大学出版社,2001.

[5] 黎熙元,童晓频,蒋廉雄. 社区建设: 理念、实践与模式比较[M]. 北京: 商务印书馆,2006.

[6] 王邦佐,等. 居委会与社区治理: 城市社区居民委员会组织研究[M]. 上海: 上海人民出版社,2003.

[7] 徐琦,等. 社区社会学[M]. 北京: 中国社会出版社,2004.

[8] 徐永祥. 法治与自治: 社区建设组织体制研究[M]. 北京: 中国社会出版社,2003.

[9] 俞可平,等. 中国公民社会的兴起与治理的变迁[M]. 北京: 社会科学文献出版社,2002.

[10] 张明亮. 社区建设政策与规章[M]. 北京: 中国社会出版社,2004.

[11] [美] 莱斯特·M.萨拉蒙,等. 全球公民社会: 非营利部门视界[M]. 贾西津,魏玉,等译. 北京: 社会科学文献出版社,2002.

中国城市社区建设的体制创新与社会工作[①]

徐永祥

“两级政府、三级管理、四级网络”的社区管理体制曾经为中国的城市社区建设做出了重要的贡献。随着经济与社会的进一步转型，该体制的结构性缺陷愈益凸显出来，越来越难以担当促进基层社区的社会发展、社会管理与社会服务的制度角色。构建以人为本的和谐社会，离不开社区建设的体制创新。因此，有必要积极引入现代社会工作这一制度要件，按照“政社分开”的原则，切实转变政府的社会职能，努力建构现代性的、政府与社会之间分工合作的体制。

一、现阶段中国城市社区建设与管理体制的由来

应该说，中国的城市社区建设是在经济体制改革加速推进而社会改革相对滞后的条件下开展起来的。

---

① 本文曾发表于《社会工作专业化及本土化实践——中国社会工作教育协会 2003～2004 论文集》(2004 年 12 月 18 日)，此次收录略有修改。

众所周知，中国曾经长期处于计划经济时代。其时，国家通过高度集中的行政权力体系管理着全部经济生活、政治生活和社会生活领域，企业、学校、医院等各类组织均成为国家权力的一个个下属“单位”，政府与企业及其他组织的目标高度一致，组织职能严重混淆。这就决定了当时的中国一直无法产生现代意义上的、功能分化的市场、企业、社会、社区和社会组织。

一方面，1992 年邓小平南方谈话发表以后，中国确立了社会主义市场经济的体制目标，由此加快了以“政企分开”、“社企分开”、建立现代企业制度为核心的国有企业改革步伐。政企分开的实质是要解决“政企不分”“以政代企”的体制弊端，重点是解决政府和企业之间职能混淆、政府随意干预企业经营活动的问题，使企业和政府在市场体系中各尽其能、各得其所。社企分开的实质则是解决“社企不分”的体制弊端，将原来国有企业过于沉重的社会服务、社会管理职能剥离出去，便于企业轻装上阵，参与市场竞争。在这种情况下，国家及其通过国有企业对职工无所不包、无所不管的社会管理与社会服务职能，不可避免地需要剥离和转移出去，而国有企业职工的“单位人”属性也不可避免地需要向“社会人”属性转变。问题在于，国家和企业所转移和剥离出来的那些社会管理与社会服务职能由谁来承接？显而易见，在当时中国的社会改革尚未起步、各类非政府组织和非营利组织尚未发育起来的条件下，承接上述管理与服务职能的最佳角色只能是社区。

另一方面，随着城市下岗和失业群体的扩大、老年人口的增加、人口流动的加大以及居民对居住环境要求的提高，社区层面上的社会管理与稳定的任务日益沉重，政府管理的重心也日益下沉。与此现状形成鲜明对照的是，此时的城市行政管理权限大多仍滞留于市和区两级政府的手中，继续实施的是自上而下、集中式的、纵向条线管理为主的行政体制，而直接面对社区和居民的街道办事处则严重缺乏行政的综合协调和管理权限。显而易见，这种传统的城市管理体制，既无法担当国有企业改革保障者的角色，也无法适应城市社会管理重心下移的新形势。正是在这种情况下，上海市率先开展了全面的社区建设实践，全国其他地方紧接着也积极行动起来。通过社区建设，企业剥离出来的社会服务与社会管理职能能够更顺利地转移到社区之中，同时各地也都采纳了与这一转移方式相适应的社区管理体制——“两级政府、三级管理、四级网络”。

这种新型的管理体制能够将市、区两级政府的权力下放到街道办事处，形成“条块结合”的行政体系。十年来的社区实践表明，相比于传统的城市管理体制，“两级政府、三级管理、四级网络”的模式既能强化政府在社区管理和服务上的成效，又能理顺基层条块关系；既有利于发挥街道办事处在社区建设上的创造性，也有助于强化党和政府对基层的有效管理。正因如此，社区建设的火热开展为社会主义市场经济体制的确立奠定了基础，同时也进一步提升和改善了社区在卫生、生态、文明、治安以及社会保障等多个方面的建设。

二、当前社区建设与管理体制的结构性缺陷

毋庸置疑的是，十年来中国城市的社区建设模式也存在着明显的结构性缺陷。通过对各地的实际考察和调研，我们发现，这种结构性的缺陷主要表现在以下几个方面：

第一,行政全能主义的体制性弊端仍然非常突出。在社区这个平台上,政府包揽了社区建设与服务的一切事务,缺乏明确的政府与社会之间的分工。在这一现实背景之下,社区事务由多样化变得单一、管理人员难以控制、非政府组织难以发育。在从"单位人"转变为"社区人"的过程中,居民不但没有减弱反而加强了对政府的依赖。可以说,这种政社职能混淆的社区管理体制,最终将以政府高昂的经济成本和低效的行政效能为代价,同时还会抑制社会的发育,阻碍社区居民与各类社会组织共同参与社区建设机制的生成。

第二,基层政府在社区建设、管理与服务实践中的职能和角色错位严重。一方面,社会职能有限的政府仍在扮演无限政府的角色,越位包揽了许多不该管也难以管好的、本该由非政府组织承担的社区事务,如直接领导、指挥和考核居委会的工作,直接组织各种社区文化活动和公益型慈善活动,等等。另一方面,政府职能的缺位现象十分突出,如本该由政府直接承担的征兵、计划生育、社会治安等职能一直不能"沉底"下去,却交给居委会扮演"二级政府"的角色;习惯于对居委会进行政治领导和业务指挥,不会或不习惯于对居委会及其他居民组织进行政策指导。此外,本应由各级政府承担的 NGO、NPO 发育发展的政策引导职能和公共社会服务所需的公共财政职能,至今没有引起政府应有的重视。由于上述行政职能的越位和缺位,政府在社区事务中不得不同时行使运动员和裁判员的职责,不得不同时扮演政策的制定者、实践的组织者、服务项目的提供者和问题的裁判者等多种相互矛盾的角色。

第三,社区的单位化倾向愈益严重,日益蜕变为一个什么都得管的"小而全"的、行政化色彩浓厚的"单位化社区"。这种单位化特征突出地表现在，各级政府以及半官方的群众组织(工会、共青团、妇联等)纷纷将一些行政事务或一些专业性很强的社会福利和社会服务事务“下放”给社区内的组织，如居委会(尽管目前一些地方将原来的居委会改称为“社区工作站”或“社区服务站”等)这个只有5~7个成员的组织就承担了多达10个大类、100项以上的需要政府考核的任务。对此，一些社区工作者或“居委会干部”乃至街道官员戏称道：“社区是个筐，什么都往里面装”，“突击工作经常做，经常工作突击做”[1]。事实上，社会分工的客观法则、街道办事处以及居民组织等社区内的组织及其人力和物力，决定了社区自身不应该也无法将这些性质各异、内容杂多的社会职能和事务承揽于一身，尤其是专业性强的行政事务和社会事务。此外，社区的单位化现象又使得我们目前的社区具有强烈的排外性，凡社区外的或体制外的，而社区居民又急需的各类专业社会服务组织仍很难介入社区发展的实际进程。

第四，社区工作和社区服务的模式，基本上仍然停留在粗放的、经验主义的运作阶段。由于体制上的政社不分，由于非政府的专业社会服务组织尚未发育起来并形成一定的规模，社区工作至今未能成为一种专业化的、受人尊重的社会职业，导致社区服务人员的职业声望一直徘徊在极低的水平。[2]这样，社区工作职业必然难以吸引大批高素质的专业人才，社区服务不得不限于经验型的工作或简单的劳务活动，无法为社区居民提供他们迫切需要的各种公益型、非营利的或微利的专业社会服务。由此，居民自然难以提升其对社区的依赖感、归属感和认同度。

如果说在中国市场经济体制建立的初期，“两级政府、三级管理、四级网络”这种单一的行政全能主义体制尚可以维持社会管理和社区建设进程的话，那么在中国现代化即将起飞的今天，在社会发展的任务日趋重要、社会管理的难度日趋加大的情况下，这种具有结构性缺陷的体制和模式则是难以为继了。为此，必须用改革创新的精神，建构与现代化进程相适应的现代社会和现代社区的新体制、新模式。

三、现代社会工作制度是社区体制创新的必要条件

之所以说现代社会工作制度是中国城市社区体制创新的必要条件，是由社会工作的本质与功能所决定的。

专业社会工作是世界工业化和现代化的必然产物。它既是一门关于“助人自助”的学科和专业方法，又是一种有效的社会管理、社会保障和社会服务制度。其可发挥作用的领域广泛涉及社区、学校、医院、救助机构、福利机构以及企业、监狱、法院等。其工作对象涉及所有需要社会支持和社会帮助的人群，尤其是各种弱势群体、边缘群体和问题人群。其本质功能在于预防和解决社会问题，整合社会矛盾，减少社会犯罪，实现个人与社会的和谐发展，提升社会福利与社会保障的水平，维护社会的稳定与进步。对此，我国社会学和社会工作学的前辈雷洁琼曾有过一段言简意赅的说法：“任何社会都存在社会问题，都有困难人群，但是不同时代、不同国家解决困难人群问题的方法不同。在传统社会，人们的困难大多依靠亲属群体的帮助予以解决。在现代社会，社会工作成为专业化的解困救难的手段。作为一种社会制度，它发挥着解决社会成员的困难、维持社会秩序的功能。”[3]

当今世界，包括发达国家、新兴工业化国家在内的大多数国家

和地区均已建立了社会工作制度。从结构上来看,制度层面的社会工作主要由以下三大要素构成。(1) 分工合作。按照"政社分开"的原则,政府负责非行政领域的社会管理与社会服务的政策指引、法律监管,而非营利的社会工作机构则主要承担具体的社会管理和社会服务的项目,并接受政府的监管。(2) 用以购买社会服务的公共财政体系。政府在每一财政年度,根据社会管理事务和社会服务需求的实际,通过招标或谈判的形式向非营利机构(主要是社会工作机构)购买服务,而社会工作机构则通过竞标或谈判的形式获得这些服务项目,即提供服务。(3) 专业化、职业化的工作体制。社会工作是一项专业性很强的职业,和律师、医生一样,社会工作者必须获得专业资格证书并且注册后方能执业。①

根据发达国家和地区的成功经验以及中国城市社区的已有实践来看,社会与社区的管理或治理主体,仅仅依赖政府是远远不够的;高效能的管理或治理有赖于政府、非政府机构和居民之间的分工合作及其共同参与。就非营利的专业社会服务(如受虐待儿童和妇女的保护及辅导、边缘青少年的帮教辅导、失业人群的社会支持网络构建、精神障碍患者的社会康复、孤寡老人的社会照顾、问题居民的社会矫正等)而言,政府不可能直接在社区提供这类服务,社区自身也不可能提供这类常规性的专业服务,主要依靠政府购买服务以及非政府组织(NGO)和非营利组织(NPO)提供服务的模式来实现。而这些 NGO、NPO,则大多是"社区以外的"、具有社

---

① 2004 年 10 月,在澳大利亚南部重镇阿德莱德市召开了世界社会工作大会,与会正式代表多达 1 077 人,其中不乏许多名不见经传的非洲和南太平洋小国的代表(而我国仅有 5 位代表)。作为中国代表团的一员,笔者切身感受到了各国对社会工作的重视,进一步领略了社会工作在社会发展进程中的制度魅力。

会工作专业资质的、专门从事社会服务的机构。

就中国社区建设的实践来看，引入现代社会工作制度，既是建设现代社会管理体制和社区发展模式的必然要求，也是提升整个社会文明和社区服务水平的必由之路。

第一，社会工作将为基层社会的管理体制改革和NGO、NPO的培育提供有效的、看得见的抓手。今后，中国社会管理体制改革的方向之一，就是以“政社分开”为原则，切实转变政府的社会职能，既要进一步剥离政府包揽的社会服务职能或直接从事的部分社会管理事务，又要积极培育和发展各类专业性的NGO和NPO。在这方面，从事专业社会服务的社会工作机构无疑是这一改革的重要平台和抓手。作为政府可以放心和称心的合作伙伴，它既能够承接政府剥离或转移出来的那部分社会服务职能和社会管理事务，又能够为政府大力培育和发展NGO、NPO提供成功的经验和借鉴。从上海市已建立的禁毒、社区矫正和青少年事务三个市级专业社团以及浦东新区的多个专业社工机构的实践来看，引入社会工作制度，不但有利于政府职能的转变、社区服务与管理的效能和质量的提高，也有利于民间专业社会组织的培育和发展。

第二，专业社会工作机构参与社区建设，将促进政府公共服务理念的确立和公共财政体系的建立。社区社会服务的发展，专业社会工作的发育和成长，都离不开政府购买服务的体制和政策。引入社会工作制度，必将打破长期以来且至今仍存在的政府集中的计划建设财政体系，有力促进公共政府理念的确立和公共财政体系的建立，完善政府的社会职能，提高政府在现代化进程中的权威。

第三，专业社会工作介入社区建设，可以跨越当前的社区单位化陷阱，有效调动各类资源，为社区居民提供各种急需的包括社会福利、社会保障、社会支持、社会维权、社会辅导等在内的专业服务。在社会竞争日趋激烈、人际关系日益淡漠的现阶段,这些专业服务不仅可以直接满足居民的一些迫切需求,改善居民的生活方式,有效地帮助弱势群体、边缘群体实现自助自立,而且可以用其特有的柔性方式预防和解决社会问题,化解社区矛盾与冲突,更好地维护社会的稳定。

第四,社会工作介入社区建设,将有助于社区工作队伍的职业化和专业化,切实提高社区工作者的素质、工作能力和社会声望,从而吸引大量优秀的高素质人才加入社区建设与社区管理的实践,为社区的可持续发展提供人才保障。

参考文献

[1] 徐永祥. 社区发展论[M]. 上海:华东理工大学出版社,2000.
[2] 许欣欣. 从职业评价与择业取向看中国社会结构变迁[J]. 社会学研究,2000,15(3).
[3] 雷洁琼. 转型中的城市基层社区组织:北京市基层社区组织与社区发展研究[M]. 北京:北京大学出版社,2001.
[4] [美]戴维·波普诺. 社会学[M]. 10版. 李强,等译. 北京:中国人民大学出版社,1999.
[5] 徐中振. 上海社区发展报告:1996~2000[M]. 上海:上海大学出版社,2000.
[6] 唐忠新. 中国城市社区建设概论[M]. 天津:天津人民出版社,2000.
[7] 王思斌. 社会工作概论[M]. 北京:高等教育出版社,1999.
[8] [英]安德鲁·韦伯斯特. 发展社会学[M]. 陈一筠,译. 北京:华夏出版社,1987.
[9] 向德平. 城市社会学[M]. 武汉:武汉大学出版社,2002.
[10] 徐永祥. 法治与自治:社区建设组织体制研究[M]. 北京:中国社会出版社,2003.

论社区服务的本质属性与运行机制[①]

徐永祥

在当今中国,“社区服务”已经成为政府官员、城市居民乃至农村村民中十分流行的一个通用性词语,社区服务事业已经成为城乡社区建设的主旋律之一。但奇怪的是,居民乃至整个社会对社区服务以及社区服务人员的评价和认同程度却并不高。本文的研究表明,之所以会出现这一反差现象,根本原因在于政策上对社区服务的双重化定位。因此,科学把握社区服务的本质属性与功能定位,确立合理的政策机制,是我国推进社区服务、提升社区服务水平及其社会认同度的重要前提。

本文首先回顾了我国社区服务的三个发展阶段,然后讨论了社区服务的本质属性、功能定位以及运行机制等问题,并就此提出一些政策性建议。

一、当代中国社区服务发展阶段的历史回顾

当代中国的社区服务实践始于 20 世纪中期,至今大体上经历

---

① 本文曾发表于《华东理工大学学报(社会科学版)》2002 年第 4 期,此次收录略有修改。

了以下三个阶段：

（一）倡导和启动期。1987 年 7 月，民政部在大连市召开的民政工作现场座谈会上首次提出了开展社区服务的设想，并指出社区服务就是“在政府的领导下，发动和组织社区内的成员开展互助性社会服务活动，就地解决本社区的社会问题”[1]。同年 9 月，民政部又在武汉市主办了一次全国性的社区服务工作座谈会，再次就社区服务的性质、目的与功能做了定位，即“在社区内为人们的物质生活和精神生活所提供的各种社会福利与社会服务，它的目的就在于调解人际关系，缓解社会矛盾，创造一个和谐、良好的社会环境”[2]。这以后，民政部还举办了两期社区服务专题培训班。在民政部的倡导下，新时期我国的社区服务开始启动。一些地方政府开始将社区服务作为深化城市社会福利事业改革的重大措施来实施，作为推动民政工作的重要任务来落实，作为为民办实事的项目来建设。到 1992 年，全国已有 70%的街道开展了社区服务。[3]

不过，民政部在这一时期对社区服务的内容及功能的认识有着明显的缺陷。例如，大连会议将社区服务定位于“社区内的成员开展互助性的社会服务活动”，而事实上，互助性服务仅仅是整个社区服务中很小的一个部分。又如，武汉会议将“各种社会福利与社会服务”并列为社区服务的内容，容易造成将社会服务视为另类于社会福利性服务的误解，而事实上，福利性、公益性是社会服务的内核。

（二）加快发展期。20 世纪 90 年代初，我国明确了建立社会主义市场经济体制的目标。随着经济体制改革的深化，随着人口流动的不断加大，政府、企业开始逐步将部分社会服务与社会管理职能剥离出来并交还给社会，城市职工的“单位人”属性也开始向

“社会人”属性转变。与此相应的是,社区在社会服务、社会管理等方面的重要性日益突出。然而,居民的居住地——社区——存在着许多不尽如人意的地方,如公共服务设施缺乏、便民利民商业服务网点甚少、绿化与卫生环境很不理想等。正是在这一背景下,民政部联合国务院13个部委于1993年颁发了一个政策性文件——《关于加快发展社区服务业的意见》(以下简称《意见》)。《意见》指出,“社区服务业是在政府倡导下,为满足社会成员多种需求,以街道、镇和居委会的社区组织为依托,具有社会福利性的居民服务业”;《意见》指出,“社区服务业由社区福利服务业、便民利民服务业和职工社会保险管理服务业组成”;《意见》强调“要把发展社区服务业作为与提高人民生活水平、提高人口素质密切相关的行业纳入第三产业发展规划及其他有关规划”;《意见》指出,要按照“社会化、产业化、法制化的社区服务的方向,积极支持和推动社区服务业的发展”,到20世纪末,“社区服务业产值每年要以13.6%的速度增长”。

根据《意见》,各地大力发展社区服务业。至20世纪90年代末,各地在街道层面上普遍建立了社区服务中心、职业培训与职业介绍所(站),不少居委会还建立了老年人活动室,开展了社区居家养老和助老活动。同时,街道办事处和居委会两级都以发展社区服务、第三产业为名兴办了许多微利性的商业网点,如小百货与杂货经营店、家用电器维修店、保姆介绍所等。

(三)发展的徘徊期。社区服务的实践在20世纪90年代有了长足的发展,这一时期的社区服务除了民政系统主管的“社会福利进社区”有所发展以外,社区第三产业也迅猛发展。但这种第三产业在给居民提供生活上的某些便利的同时,因其在居民区占用公共空间、普遍违章搭建而侵害了居民的公共利益。因此，居民对这种商业性的“社区服务”的认同度普遍不高，对社区服务人员的社会评价普遍偏低。根据“中国城市居民职业声望量表”的统计显示，社区服务人员的职业声望位于排序的第53位，仅略高于殡仪馆工人、保姆、建筑业民工等。[4]此外，社区服务中心的居民参与率、享用率普遍较低，一般不足30%，即使许多地方的社区服务中心都是高标准、豪华型的。这些情况在20世纪90年代末期引起了政府有关部门和学术界的高度关注与反思，有些地方也做了某种调整。但由于对社区服务之本质、功能及运行机制上的认识有限，社区服务的发展自20世纪90年代末至今一直处于徘徊期，难以取得突破性的进展。

二、社区服务本质属性与功能的再认识

从以上我国社区服务发展阶段的回顾可以看出，社区服务要走出目前的徘徊期，就必须对其本质属性和功能有一个科学的再认识。而以下三个问题则是需要重点讨论的：

第一，社区服务的本质属性是什么？社区服务实际上是社区社会服务的简称，是指政府、机构与个人等在社区里开展的福利性服务和公益性服务，以及社区居民之间进行的互助性服务。它是整个社会福利制度的重要组成部分，体现了国家对弱势人群的保障责任和对居民的公共福利责任，也体现了互相关心、互相帮助的社区共同体精神。像社区照顾、残障人士服务、儿童与青少年服务、贫困家庭的救助与资助、单亲母亲及受虐待妇女的社会帮助、家庭治疗、志愿者服务等，都属于社区服务的范畴。不难看出，所

有这些社会服务都是市场组织不愿意也无法承担的服务。而且，这些服务与市场服务最大的区别在于服务目的的不同，即公益性、非营利性与逐利性、营利性的区别。20 世纪 30 年代以来，一些发达国家和地区之所以不断地制定和完善有关的社会福利政策和法律法规，以保障社区社会服务的健康运作，根本原因就在于此。也正因为此，笔者认为，坚持和维护社区服务的福利性与公益性，是我国今后发展社区服务的根本之所在。

第二，社区服务的价值功能或价值标准是什么？从国际上已有的共识来看，其价值功能或价值标准就在于，谋求国家内部及地区内的社会公正与社会平等，提高居民的福利水平和生活质量，维护社会秩序的稳定。近代世界自走向工业化以来，人们愈来愈认识到，一个追求效益、竞争为上的市场经济体制，如果没有一个相对公正、平等和温情的社会秩序相配合，是无法可持续运行的。社区服务乃至整个社会服务正是这个社会秩序得以建立的根本手段，而谋求建立和维护这个社会秩序则是社区服务根本的价值要求、价值功能和价值标准。具体来说，社区服务的价值功能或价值标准主要体现在以下三个层面上：一是维系弱势人群的社会尊严、生存权利和生活能力，限制不平等的差距，提高社会的公正度和稳定性；二是满足社区居民的公共利益需求，提升居民的福利水平和生活素质；三是促进社区的人际交流和人际关怀，改善社区的人文环境，提高居民的道德文化素养。显然，设计社区服务的项目，开展社区服务的实践，选择有关的社会政策，都必须着眼于以上价值功能，服从于以上价值标准。反之，如果将营利性、商业性的服务作为社区服务来推行，或者把社区服务定位于第三产业来发展，必然与上述价值功能和价值标准相冲突，从而损害社区服务福利性、公益性的本质。

第三，在政策上对社区服务的双重化定位，会产生哪些弊端，会造成什么后果？不可否认的是，经过十多年的努力，我国的社区社会服务无论是在服务内容、服务对象还是在服务手段和服务供给等方面，都取得了令人瞩目的发展。但同样不可否认的是，目前社区服务的政策和体制仍然处于不成熟的阶段。就政策而言，社区服务至今一直定位于“一仆二主”或“一身二用”的状况之中，即既将社区服务视作福利性、公益性的社会服务事业，又将其视作便民利民的第三产业。这种双重化定位具有以下两大突出的矛盾和缺陷。首先，混淆了社会服务与市场服务的本质区别以及社会服务组织与市场组织（企业）之间的功能差别。须知，市场经济和现代社会的发展，有赖于各类组织的功能分化，没有这种功能分化，经济增长和社会发展都是难以为继的。处于社会转型期的中国，混淆这种差别的结果是已经造成了社区组织功能与目标上的“社企不分”，即其社会服务功能与企业功能的重叠，并由此阻碍了社区组织的发育和社会服务业的发展。其次，客观上为社区服务规定了两种相互矛盾的价值标准，容易使得基层社区组织因追逐经济利益而牺牲居民的公共利益。事实上，在市场经济大潮的冲击和诱惑下，许多地方的街道办事处和居民委员会至今仍然十分热衷于发展“第三产业”，兴办了许多与商业企业或个体经济非常雷同的组织及经营项目，并将其命名为“社区服务”（其实，对于这些价格并不低廉的“社区服务”，居民完全可以通过市场自主购买和享用）。为了发展第三产业，及时完成利润指标，作为政府派出机关的街道办事处以及居民委员会，曾经或继续在牺牲社区的公共利益，诸如违规侵占本来属于社区居民的公共空间和公共设施等似乎就有了合理的解释。同时,在现有体制下,因数量甚少的社区服务人员分心于第三产业,故社区组织社会服务能力的下降、社区福利性与公益性服务供给的减少也就难以避免了。因此,我们有充分的理由强调,改变政策上对社区服务的双重性定位,回归福利性和公益性的本质和价值标准,是我国增加社会服务供给、提高服务能力和服务水平、提升社区服务之社会认同度的必由之路。

三、关于社区服务资金供给、人力资源供给及制度选择的再认识

社区服务的正常开展,有赖于服务资源的供给和利用。一般来说,社区服务的资源是由物质资源和人力资源两大部分构成的,而物质资源又可细分为有形资产和资金等两个部分。我国由于尚未完成现代化,故在社区服务事业的发展进程中,服务拓展与服务资金短缺的矛盾以及服务拓展与人力资源短缺的矛盾就显得尤其突出。因此,如何构建合理有效的资金供给机制和人力资源供给机制,就成为社区服务发展中的重要课题。

(一)关于资金供给机制的再认识。综观当今世界各国,社区服务资金的供给渠道主要有三个:一是政府的资金投入,二是各种社会捐助,三是社区服务部分项目收入的再投入。此外,有些国家和地区还以博彩业和有奖募捐基金的部分收入作为社区服务的资金来源。目前,我国社区服务的资金基本上也来源于这四个方面。但是,在政府投入和社区服务收入再投入问题上,还须厘清一些模糊性的认识。

1. 政府投入在整个社区服务资金供给中的比重。社区服务的

内容相当大的部分属于社会保障和社会福利体系,属于政府的职责范围,因此,政府的投入始终是社区服务的重要资金来源。在发达国家,政府的投入一般占服务资金构成的50%以上。我国政府的这种投入目前最多占30%。问题在于,我国政府的投入比是否合理,是否需要提高?笔者认为,目前的这种投入比并不合理,有必要大幅提高。这是因为,投入比达不到50%,政府就无法承担起自己应负的责任,居民就难以享受到基本的社会保障和社会服务。此外,不能将发达国家的50%和我国的50%进行简单类比,两者的实际资金量和人均资金量以及所提供的服务完全是不同的,前者是发达国家水平的社会服务,后者则仍然是发展中国家水平的社会服务。也不能因为我们是发展中国家,就可以心安理得地维持目前的投入比差距。笔者这里之所以强调50%的投入比,主要考虑的还是政府责任的实现和基本服务的供给。

2. 社区服务收入的再投入问题。从理论上讲,福利性、公益性是社区服务的本质属性,而营利性是市场服务的本质属性。因此,营利性不应也不能构成社区服务的本质和价值目标。这样讲并不是排除社区服务部分项目的有偿性和营利性,但这种有偿性和营利性并不是社区服务的价值目标,而只是作为价值工具和手段对整体服务资金供给不足的某种补充。而且,在国家承担基本的社会保障和社会福利责任的前提下,这些有偿性的服务必须是低偿的、微利的,不以营利为目的的。正因为此,社区服务收入的再投入不可能成为整个服务资金供给的主体或主要来源。如果把这种再投入作为资金供给的主渠道的话,那么,社区服务的福利性和公益性本质就会丧失,社区服务就会变成市场性的服务,各种社会捐助就会失去其应有的意义和动力。

（二）关于人力资源供给机制的再认识。这个问题同社区服务项目的供给有着直接的联系。一般来说，人力资源的多寡和专业化程度，直接决定了社区服务项目的数量和质量。从我国目前的情况来看，社区服务的项目还不多，且大都集中在社区保洁、社区绿化、老年人照顾、孤残儿童照顾、残疾人照顾、贫困家庭救助、职业介绍、计划生育辅导等方面。即使是这些服务，体力劳动和经验性的服务远多于知识和技能含量高的专业化服务。与此相应的是，低层次的人力资源供给也十分丰富。至于社区居民急需的专业服务，诸如老年人的心理与行为辅导、问题青少年的行为矫治与辅导、暴力家庭与单亲家庭的辅导和治疗、智力障碍儿童辅导、精神障碍者回归社会的辅导、刑释人员的社会化辅导、居民的康复辅导、职业培训与就业指导等知识含量高的专业化服务，则至今没有或很少开展起来，且这方面专业人才的供给也极其有限。由于难以满足居民日益增长的专业服务需求，居民乃至整个社会自然难以提高对社区服务的评价和认同度。显然，在当前的情况下，有必要积极拓展社区服务的项目，尤其是知识含量高、专业性强、社区需求大的服务项目。这就需要增加专业人才的供给，从政策上构建能够吸引专业人才加入社区服务的机制。对此，政府理应予以充分的关注。

（三）关于社区服务制度选择的再认识。无论是与发达国家和地区相比，还是从我国社区建设的现实结构来看，目前我国的社区服务仍然存在着明显的制度性缺陷，其突出表现为：一是以政代社、政社混淆的体制弊端仍然突出，政府的经济、政治、道义成本太高，而产出比太低，居民的社区认同感和归属感不强；二是社区服务在制度上难以引入职业化和专业化的社会工作机构，服务模式一直停留在粗放发展的阶段,难以有效地转移到以内涵发展为主的轨道上来。这实际上是一个问题的两个方面,即行政化太强,社会化、专业化太弱。[5]为了改变这种状况,有必要从制度建设的角度着重开展以下几个方面的工作:首先,政府有关部门应统筹协调,着力建立与国际接轨的社会工作者职称序列、岗位序列及人才培养机制;其次,大力促进各种专业社会工作机构的发展,以承接从政府、企业、学校等剥离出来的一部分社会服务、社会教育、社会矫治职能;最后,注意将专业化社会工作机构的工作职能同社区自治组织(如居民委员会等)的工作职能明确区分开来,避免把街道办事处和居民委员会再办成大而全的"单位制社会"。

参考文献

[1][2] 李亚平,吴铎.参与·分享:政府、社会团体在社区服务中的责任、角色以及它们之间的合作[M].上海:华东师范大学出版社,1997.

[3] 徐永祥.社区发展论[M].上海:华东理工大学出版社,2000.

[4] 许欣欣.从职业评价与择业取向看中国社会结构变迁[J].社会学研究,2000,15(3).

[5] 王曦影,徐永祥.社区建设的制度性要件[N].光明日报,2002-06-05.

关于新时期社区自治、社区服务与社区管理的若干思考①

徐永祥

以居委会为社区自治载体，在推进城市社区建设过程中因为居委会组织属性的双重性，以及在城市基层管理进程中居委会出现的日益行政化或边缘化等问题，都体现了对社区自治、社区服务创新以及社区管理模式等核心问题进行深入探究的必要性。借此，可助推社区体制改革与基层社会管理创新。

一、居委会与社区自治

社区自治组织有很多种，但居委会无疑是社区自治最重要的一种组织形式。这一判断不仅来源于宪法和居委会组织法，而且还来源于居委会的公共性特征。比较当前活跃于社区的各类居民组织、团队及专业服务机构，能够代表全体社区居民公共利益的无疑当属居委会。因此，居委会平台上的社区自治或居民自治是基

---

① 本文曾发表于《杭州（我们）》2010年第9期，此次收录略有修改。

于公共利益的最重要的社区自治实践。

社区自治属于社会自治的范畴，广泛涉及民生意义上的社区生活、社会服务及部分社会管理事务。但这样说并不意味着我们可以将社区自治等同于政治自治，或者将社区自治及居委会工作等同于直接提供社会服务与社会管理事务。必须明确居委会与其他社区组织以及在社区内为居民提供非营利社会服务的机构等之间的社会分工，做好居委会的“分内事”。只有这样，才能充分凸显或实现居委会的自治功能，才能有效处理好居委会与其他自治组织、所在地政府的关系，做好社区公共利益的代言人。就目前的经验及未来社区建设的方向来看，居委会及社区自治的工作应该致力于以下几个方面：

第一，厘清社区公共利益的边界及居委会作为全体居民代言人的公共角色，及时向政府反映社区所存在的问题或公共诉求，谋求有助于社区发展的各类社会政策。

第二，进一步完善党委领导下的居委会直接选举，充分吸纳德才兼备的居民加入居委会的领导班子，定期开展居民大会或居民代表大会，经常结合问题或任务开展主题性的居民会议，充分了解和及时反映民意。

第三，居委会成员及团结在居委会周围的社区骨干应该都是热心于社区公共事务的、志愿者意义上的社区领袖，而非领取工资的“专职干部”。否则，居委会将失去社区自治的本意和角色功能。

第四，居委会与社区其他自治组织、专业社会服务机构在社会权利上都是平等的，不应将居委会的地位凌驾于其他组织、机构之上。但居委会应主动了解其他组织、机构的需求和问题，并及时向政府反映；居委会也应主动、及时地去协调社区内的这些组织、机构之间的关系。

第五,居委会与街道办事处的关系应该是被指导与指导者的关系。今后,还应该加上另一层关系,即街道办事处应是社会事务的管理者与主要提供者,居委会应是社区社会事务管理的监督者。

二、社区建设与社区服务

社区服务是社区建设的重要内容之一,深化社区建设就必须深化社区服务。这里,有必要进一步厘清社区服务的性质、社区服务的主体(提供者)、社区服务的种类,以及社区服务的现代形式。

所谓社区服务,是社区社会服务的简称,是社会服务在社区平台上开展的非营利服务,是不同于企业或商业组织在社区内开展的营利性服务活动。前者基于的是社会理性和公共利益,后者基于的是经济理性和私人利益。在市场经济的条件下,在单位化经济与社会体制解体的今天,强调社区服务的非营利性,致力于发展社区的社会服务事业,对于和谐社会及和谐社区建设来说尤为重要。

社区服务不外乎居民互助性的服务、政府的公共性服务及机构的专业性服务三大类型。互助性服务的主体是社区居民,是一种志愿性的、简单性的社会服务,体现的是居民之间的相互关爱和守望相助。公共性服务的主体是各级政府,主要责任者则是街道办事处,体现的是政府对于公共利益的责任;服务内容包括医疗、教育、养老、扶贫助困、就业、边缘人群辅导、公共绿化、公共卫生等。专业性服务的主体是专业的社会服务机构,尤其是民间社会服务组织,体现的是公民社会对于社会的责任及服务能力。政府的公共性服务与专业性服务在资金来源和服务内容上有一定的交叉,但性质不同,形式不同,效果也不同:前者是一刀切的、无差别的刚性服务(必须如此),后者则是科学加人文精神的、有针对性的、差别化的专业服务。

上述三大类型的社区服务,主体不同,功能也不尽相同。深化社区建设,必须自觉地推动这三大体系的建构,及时满足社区居民的各类社会服务需求。在继承社区互助性服务优良传统的同时,应重点建设公共服务体系和专业社会服务体系,因为这两类服务是社区特别缺乏的。至于专业社会服务体系的建设,要以现代社会工作为抓手,以政府购买服务为动力,建立各种各样的专业社会工作机构或社会工作者为主导的服务组织,吸引它们"来社区"或者"到社区"提供服务。应该说,对于社区和谐关系及网络的建设,上述三者是缺一不可的。只有当三大服务体系基本建立起来了,我们才可以说社区服务进入了现代化阶段,才可以说我们已基本具备了社区服务的现代形式。

三、政社分工合作与社区管理

社区管理是政府的当然责任,其主要形式在于政府的政策实施及行政管理,但政府不是社区管理的唯一主体。社区管理的主体还包括社区自治组织、专业服务机构以及与社区有着不同利益关系的各类在地单位。当前的问题是,政府在社区管理上的大包大揽现象仍然比较普遍和严重,政府仍然做了许多不该管、管不了也管不好的社会事务,仍然忽视了许多应该管而未管理起来的社会事务。究其原因,一方面在于一些地方政府尚未摆脱全能主义的旧体制的束缚,尚未建立起现代型公共政府;另一方面则是因为社会组织自身发育、发展不良,尚不足以承担起社会组织应有的责任与功能。因此,深化社区建设,必须在党的领导下,按照政府与社会分工合作的原则,积极创新社区建设与管理的体制,这也是当今社会体制改革与创新的重要一环。

就政府而言,创新社区建设与管理体制,首要的任务就在于重新定位自己的角色,主动转换社会职能,解决自己在社会领域中的“越位”和“缺位”问题。其次,转变以往单一的社会事务的领导者和管理者的角色,注重在提供公共服务的过程中实现社会管理的目标,注重与居委会、社会组织建立平等的“伙伴关系”。最后,整合各类资源,建立公共财政,积极推动民间社会组织的培育和发展,积极逐步地将一些社会服务及管理事务转移给、“退还给”民间社会组织。

就居委会而言,首要的任务也在于重新定位自己在社区中的角色,变街道办事处的行政“附庸”为政府的“伙伴”,实现自己作为社区公共利益代言人的角色和功能。其次,要学会既主动接受政府(街道办事处)的工作指导,又主动反映社区民意、监督街道办事处的工作。再次,要适应自己作为“社区议会”或公共利益代言人的角色,习惯“去行政化”的过程(尽管这可能是痛苦的过程)。最后,在反映社区民意、协调社区关系的过程中,主动与社区内生的民间组织、“外来的”社会服务机构等建立平等的伙伴关系。

就专业社会服务机构而言,为了进入社区开展社会服务,首先要主动“嵌入”现有的社区体制,努力将自己塑造为街道办事处及居委会的“自己人”,赢得他们的信任和支持。其次,在提供专业服务的过程中，在与街道办事处、居委会等建立信任关系的同时，要主动投身于社区建设新体制的“建构”进程。最后，要通过自己的工作，帮助社区实现“增能”，培育社区自我发展的能力。

论居民委员会的社会角色和组织职能[①]

徐永祥

在我国城市和集镇社区中,历史最悠久、地位和作用最为独特的自治组织当属居民委员会。之所以说其历史最悠久,原因在于它已有50年的历史,没有一个社区自治组织可以与它相媲美;之所以说其地位和作用最为独特,根本原因在于,它在担当居民自治组织的同时,又在事实上演变成政府及其派出机构即街道办事处的下级组织,变成了一个准政府的、功能不清且职能杂多的行政化组织。可以说,要推动城镇社区的良性发展,培育居民的社区意识和社区参与精神,促进基层社会的民主与稳定,就必须改变目前居民委员会自治角色和职能弱化而行政特征强化的问题,通过社会体制的进一步改革,切实解决居民委员会的角色冲突问题,努力促使居民委员会的应然角色与现实角色实现统一。

一、居民委员会的由来与发展

作为我国城市最早的居民自治组织,居民委员会是随着中华

---

① 本文曾发表于《华东理工大学学报(社会科学版)》2001年第4期,此次收录略有修改。

人民共和国的建立而产生和发展起来的。

早在1949年底和1950年初,我国不少城市中就出现了一些由群众自己组织起来的防护队、防盗队、居民组等名称各异的自治性组织。最早以居民委员会来命名的是天津市,时为1950年。紧随其后的是武汉、成都和上海。1951年4月,上海市人民政府召开街道居民代表会议,将2 000多个具有自治性质的联防服务队改为居民委员会,明确其为群众自治性组织,应按自然里弄分批进行民主选举。次年末,上海市就已建立3 391个居民委员会。几乎与此同时,各个城市纷纷开展了民主建政运动,成立了名目繁多、规模不一的居民组织。它们的基本任务,概括起来就是,学习和宣传政府的方针、政策与法规,反映居民的意见和要求,组织群众防特、防空、防火、防灾、防盗,办理救济及某些公益事项。

1953年6月,时任中央政务院政治法律委员会副主任和北京市市长的彭真,根据毛泽东主席的指示,组织人员在调查研究的基础上,撰写了《关于城市街道办事处、居民委员会组织和经费问题的报告》。报告指出,在城市街道建立居民委员会组织是必要的,其性质“是群众自治组织,不是政权组织”;其主要任务“是把工厂、商店、机关、学校以外的街道居民组织起来,在居民自愿的原则下,办理有关居民的公共福利事项,宣传政府的政策法令,发动居民响应政府号召和向基层政权反映居民意见”;居委会应由居民小组通过选举产生,在城市基层政权或派出机关的统一指导下工作,但它并不是“基层政权的腿,不应交付很多事情给它办”。该报告获得了毛泽东主席和其他领导人的同意。这以后,各地的居民组织逐步统一被称为居民委员会,性质确定为群众性自治组织。[1]

1954年12月召开的第一届全国人民代表大会常务委员会第

四次会议，根据宪法的民主原则和社会正义原则，通过并颁布了《城市居民委员会组织条例》。该条例第一次用法律条文的形式明确了居民委员会这一“群众自治性的居民组织”的性质、地位和作用，规定了其组织机构、主要任务、与有关部门的关系、公杂费、生活补助费及其来源等。该条例的颁布和实施，大大推动了居民委员会组织建设全面而有序的展开。从1954年到1958年，可谓我国城市居委会工作的第一个黄金时期。本着“大家的事情大家办”的原则，各地的居委会积极响应政府的号召，发动居民群众开展生产与生活服务、整修道路、植树绿化、修建公厕、改善环境、维持卫生、防火防盗、调解纠纷、治安管理、文化扫盲等活动。广大当选的居民干部不计报酬，任劳任怨，串百家门，解个人忧，热心为居民服务，勇于维护居民利益，积极向政府反映居民的要求，由此赢得了居民群众的高度信赖，也促使居民积极参与和支持居委会的自治工作。

1958年以后，随着“左”倾冒进的“大跃进”和人民公社运动的兴起，城市基层政权一度被“党政合一”“政社合一”和“工农商学兵五位一体”的人民公社所取代，居委会成了人民公社体系的一部分，逐步走向行政化和忙于经济活动，而其居民自治的性质和功能则日渐萎缩。从1962年一直到“文化大革命”结束，尽管居委会工作也有所调整，但“阶级斗争为纲”的实践使其日益行政化，自治性质和功能则基本上消失殆尽。

1980年1月，在居委会工作恢复、整顿和调整的实践基础上，全国人大常委会重新颁布了1952年通过的《城市居民委员会组织条例》。1982年，我国重新修订的新宪法第一百一十一条，第一次以根本大法的形式明确了居民委员会这一城市“基层群众自治组织”的性质、任务和作用。[1] 1989年12月26日，全国人大常委会第十一次会议又通过和颁布了《中华人民共和国城市居民委员会组织法》。该法对居委会的性质、任务、职责和组织原则等都做了进一步的规定。例如，该法第二条对居委会的性质及其同基层政权的相互关系是这样规定的：“居民委员会是居民自我管理、自我教育、自我服务的基层群众性自治组织。不设区的市、市辖区的人民政府或者它的派出机关对居民委员会的工作给予指导、支持和帮助。居民委员会协助不设区的市、市辖区的人民政府或者它的派出机关开展工作。”又如，第三条规定了居委会六方面的任务，第八条规定了居委会组成人员选举产生的原则及任期，第十条规定了居民会议的地位和权力。[2]

《中华人民共和国城市居民委员会组织法》的颁布和实施，标志着我国城市基层群众自治制度有了一个相对完整的法律基础，标志着我国城镇社区和居民委员会的建设与发展进入了一个新的阶段。到1999年底，全国共有667个城市、749个市辖区、5 904个街道办事处、11.5万个居委会。十多年以来，居委会在宣传党和国家的有关方针、政策和法律法规方面，在化解居民矛盾和纠纷、维护基层社区社会稳定方面，在改善社区尤其是居民小区环境、提高社区生活质量方面，在扶贫帮困和扶助孤老、孤儿、残疾人士等方面，都发挥了十分重要的作用。值得一提的是，20世纪90年代中后期以来，随着我国城市社区建设的全面展开，经过许多地方政府的努力，居委会干部队伍中普遍存在的“白头发”现象改变了，一大

---

① 详见《中华人民共和国宪法》(1982年修订)。

② 详见《中华人民共和国城市居民委员会组织法》。

批从企业里下岗的优秀中青年干部以及应届毕业大学生充实为居委会干部。应该说,所有这些都是居委会工作的主流,成绩不容忽视,更不能否定。但是,也应看到,这一时期,我国社会层面的分化与发育发展毕竟滞后于经济层面的发展,社会领域组织职能的“政社不分”“事社不分”与“企社不分”的体制弊端仍十分严重。也正是由于这一体制背景,居委会组织的自治功能并未强化而是弱化了,它实际上成为街道办事处的下级组织,变成准政府的行政机构,变成集行政职能、社会职能与市场服务职能为一体的功能混淆的基层组织。而随着90年代后期以来我国社会主义市场经济体制的初步形成,随着社会福利、社会保障、社会服务和社会管理体制改革的逐步深入,随着城市社区建设的不断推进,调整居委会的角色和功能,加强居民的社会参与和社区自治,提高社区在人们生活中的地位和作用,就成为非常重要、非常紧迫的现实课题了。

二、现阶段全能主义居委会的尴尬与苦恼

如前所述,与经济体制改革和经济发展相比,我国社会结构的调整以及社会福利与社会保障体制、社会管理体制等方面的改革却显得相对滞后较多,社会体制尚未理顺,社会发展水平还不高。社会发展的滞后与缺陷突出地表现为政府、企业、学校、社会团体、文化单位等各种组织的职能分化尚在起步阶段,政社不分、企社不分、事社不分的问题还相当严重,社会领域的政府全能主义和单位制管理还相当普遍。例如,在社区建设和社区管理方面,居委会的应然角色、本位角色即自治组织的职能严重地萎缩与退化,却过多地承担着政府的行政职能、某些企业的市场职能以及某些事业单

位和社会团体的专业职能。居委会实际上变成了一个依附于街道办事处的、功能混淆重叠的全能主义组织。居委会的日常工作不是立足社区自治去调动居民的社区参与,反而是接受政府委派的各项工作并应对上级的各种检查评比。各级政府委派或交办给居委会的事情通常达100多项,涉及民政帮困、计划生育、调解纠纷、环境卫生、社会治安、社区服务、宣传教育、文明达标、外来人口登记与管理、收款收费等10大类。这100多项工作通过居委会一个口子的“漏斗”,全部下压到仅有5~7人的居委会干部身上,使得居委会的工作不堪重负。对此,居委会干部形象地概括了他们的苦衷:“上面千条线,下面一根针”“突击工作经常做,经常工作突击做”。针对居委会干部整天忙于开会、应对检查评比、完成各条线下达的任务,以致其工作有所背离居民实际需要的现状,许多有识之士发出了“居委会需要减负”的呼吁。

上述居委会的职能和工作现状,居委会干部的尴尬与苦恼,实际上提出了三个值得我们深思的问题:居委会与政府之间究竟应该是怎样的一种关系?居委会同居民之间又应该是什么样的关系?居委会有无能力承担如此众多的行政与社会职能?

关于居委会与政府的关系,我们认为,在理论上和法律上,居委会作为城市基层群众的自治组织,政府与其关系本质上应该是一种指导与被指导的关系、需要协助和实施协助的关系,而不应是领导和被领导的关系。对居委会来说,它需要接受政府的工作指导、支持和帮助,协助政府及其派出机关做好与居民利益有关的公共卫生、计划生育、优抚救济、社会治安等工作,并且向政府及时反映居民的意见、要求并提出建议。对政府及其有关职能部门来说,它们有责任对居委会的工作提出适当的建议和参考性意见,而不应直接指派工作并直接考核评比居委会的工作状况。相反,政府部门应该经常性地接受来自居委会及广大居民群众对其工作状况的考评。然而,现实情况却是,政府与居委会的关系呈现为一种领导与被领导的关系。由于旧的政社不分、以政代社等行政管理体制的弊端至今仍有着重要的影响,也由于政府官员还不会或不习惯去指导自治组织的工作,或者说还不会依法处理政府与居委会的关系,以致政府自觉或不自觉地视居委会为自己的下属单位,而居委会的工作在体制上也只能对政府负责而非对居民负责。为了让居委会更多更好地承担政府委派的行政性事务,实现有关部门的行政目标,政府的一些职能部门也喜欢并习惯于以考核、评比的指挥棒去支配居委会的工作。在这种情况下,居委会势必成为代表政府管理社会的一支力量,成为基层政权的行政化组织,而其自治本性则日益与自己相异化。

关于居委会同居民之间的关系,我们认为,从法理上来看,作为城市基层的群众性自治组织,居委会的成员(主任、副主任、委员等)均应由所在居民小区内有选举权的居民选举产生,其工作应向居民或居民会议直接负责,并接受居民的监督和考评。这一法理性的本质规定,决定了居委会应该是也必须是服务于社区居民公共事务与公益事业、维护居民合法权益的自治组织,应该是也必须是动员和组织居民参与社区发展的自治组织。但事实上,由于传统体制的原因,居委会至今仍难以真正实现“自治”:居委会成员的选举至今仍形式大于实质,且相当程度上受到街道有关领导的影响,故居委会的行政化职能大于社会化职能仍不可避免。由此,居委会成员对上级政府负责的价值取向大于对居民负责的价值取向就是必然的了。事实上,对居委会而言,目前政府的评价比居民的评价、社会的评价重要得多。在这种法制情况下,居委会与居民之间是无法形成本质的内生关系的,居民缺乏对居委会的组织认同与缺乏参与社区自治实践的积极性也就是很自然的了。

关于居委会有无能力承担众多的行政职能、社会职能(换句话说,居委会能否是一个全能主义的组织),我们的答案是否定的。从一定意义上来说,我国20多年来的改革开放进程的实质就是包括政府、企业、各事业单位等组织的目标、职能不断区分和多元化的过程。没有各种组织目标、职能的相互区分和多样化过程及其所取得的成果,我国经济和社会等领域的改革就不可能取得如此大的进步,同理,目前社会领域改革所遇到的深层次矛盾也恰恰是各类组织之目标、职能区分与多元化不足所造成的。相对于经济领域的组织而言,我国社会发展领域内组织的目标分化与职能多元化不足的问题更为严重,而居委会所扮演的全能主义角色则是这种分化与多元化严重不足的重要表现之一。经济与社会的发育和发展必然要求居委会回归其城市基层群众性自治组织的本质或本位,进而真正成为功能专门化的自治组织。这种专门化的自治组织无需也不能承揽政府行政化的事务和市场组织的职能。也就是说,居委会的本质和组织目标决定了其无法也无能力承担众多繁杂的行政职能、社会职能乃至市场职能。否则,它必然异化为依附于政府、缺乏自治性质的、功能不清的“全能定义”组织,甚至会异化为屈从于市场的组织。

三、调整居委会的社会角色与组织属性势在必行

如果说20世纪90年代中期以前居委会的角色矛盾和功能重

叠有着一定的合理性的话，那么，进入90年代中期以后，随着企业和事业单位之社会管理、社会服务等职能的剥离并回归社会和社区，随着职工的身份由“单位人”向“社会人”的转变，社会层面的发育和社会体制的改革显得愈益迫切，社区建设、社区发展的现实作用愈益突出，居民的社会参与和社区自治实践也愈发重要。在这种情况下，转变居民委员会的角色，回归居民委员会的自治本质，明确居民委员会的功能属性，既是动员居民积极参与社区发展的必要条件，也是提高政府社区行政效益和管理水平的必要条件之一。

我们认为，要转变居民委员会的角色，解决其目前的角色不清和角色冲突的问题，必须进一步界定其自治性的内涵和外延。应该看到，作为活动于社区之内、参与社区发展的居民自治性组织，居民委员会不应是政府机构或政府的下级组织，不应是以营利为目的的经营性企业，也不应是专门化的事业性单位，而应是维护居民权益、实现居民自助与互助、管理居民公共社会事务的自治组织。不然的话，居民委员会的组织功能将无法与政府、企业和事业单位相区别，必然陷入角色不清和角色冲突的困境。因此，必须明确，居民委员会的属性首先姓“社”，属于“社会”，即是一个非政府的专司社区公共社会事务的社会领域中的自治组织。其次，居民委员会的属性姓“政”，即是一个维护居民权益、民主管理居民公共事务的、具有政治民主性质的自治组织。也就是说，居民委员会是一个兼具社会属性和政治属性的居民组织。这里的社会属性决定了居委会的外延必须以维护和提升居民的社会福利、社会保障以及住房、就业、医疗、教育、文化休闲等方面的社会权益和能力为己任。这里的政治属性则决定了居委会的外延必须以维护和提升居民参与社区建设、社区管理等方面的民主权利和能力为己任。只有这样,居委会才能真正形成不同于政府部门、企事业单位及其他中介组织或社会团体的角色特征,才能真正实现和发挥好其基层自治组织的作用与功能。[2]

在解决了居委会的社会角色和组织属性之后,接下来的问题就在于:居委会所应承担的社会事务职能和政治事务职能究竟该如何限定?居委会身上应予剥离或减负的那些职能和事务性工作又该由谁来承接?

对于第一个问题,即居委会所应承担的社会事务职能和政治事务职能该如何限定,我们认为,可从职责和工作两个层面来讨论。就居委会的职责层面而言,大体上可限定为这样七个方面:一是宣传宪法、法律、法规和国家的政策;二是促进社区精神文明建设;三是推动居民的社区参与和社区自治;四是维护居民的合法权益;五是维护社区的社会稳定;六是协助人民政府做好与居民有关的工作;七是监督和评价政府的社区管理工作。就居委会的事务性工作层面而言,也可大体限定为十个方面:一是组织和动员居民学习党和国家的方针、政策与法律、法规;二是组织和动员居民参与各项社区精神文明建设活动;三是实行直接民主,通过居民会议,依法选举或更替居委会成员,召集和主持居民会议并向居民会议报告工作,对涉及全体居民利益的重要问题提请居民会议讨论决定;四是维护居民的合法权益,及时向人民政府及其派出机关反映居民的意见、要求和建议;五是代表全体居民监督、评估和评价政府的社区发展项目的实施状况以及政府对社区的管理状况;六是调解民间纠纷,促进居民之间的团结与和睦共处;七是组织和动员本居住区的居民定期或不定期地开展公益性的社区劳动和社区服务,实现居民间的自助与互助;八是协助人民政府做好与居民利益有关的计划生育、优抚救济、公共卫生等工作;九是组织和动员居民协助或参与社会治安工作;十是协调政府部门与专业组织之间、专业组织相互之间以及专业组织与居民之间的相互关系,包括调解业主委员会同物业管理公司的矛盾和冲突。必须强调的是,居委会既不是政府机构,也不是专业化的社会服务机构或中介组织,而是一个基层的自治性组织。居委会承担的事务性工作应与其自治组织的角色和职能相适应,而与其角色和职能不相适应的事务均应予以剥离。

对于第二个问题,即居委会应予剥离或减负的那些职能和事务性工作该由谁来承接,不妨这样来加以考虑:其一,原来政府部门委派或转移到居委会身上的行政性工作,应按照分工原则,由政府部门收回并承担到底。政府有关部门有责任指导居委会的工作,但不能将本应自己承担的行政事务转交给居委会。否则,政府的角色就会缺位并造成居委会角色的冲突。其二,有些属于政府部门为制造业绩“亮点”但对社区发展并无意义的工作,应按照社区建设的实际,由政府部门负责收回并予以取消。其三,原来居委会为弥补办公经费不足而经营的小型营利性的第三产业,如小杂货店、小烟酒店、修配站以及代收费等项目,原则上应按市场经济的要求,转交给商业企业或个人去经营,但其中属侵占居民公共空间的违章建筑则应予以拆除。其四,专业性较强的社会事务如青少年行为矫治、精神障碍患者回归社会的过渡期工作、老年人的社区照顾、下岗或失业者的再就业培训、居民的心理咨询与法律咨询等,则应交由职业化与专业化的社会工作机构、社会服务机构来承担。在这方面,居委会虽无能力直接从事这些工作,但可以协调有关机构和居民个人做好相关工作。

总之,只有将居委会身上不该承担的职能和事务剥离出来,居委会才能回归其基层自治性组织的角色,才能实现和发展其自治的功能。搞好这一剥离和减负工作,是社区建设和社区发展的必然要求,是基层社会主义民主发展的必然要求,是政府提高管理效率和管理水平的必然要求,也是居民改善生活方式、提高生活质量的必然要求。因此,必须以改革的精神,下决心做好这一剥离和减负工作。当然,这个剥离和减负的过程应当是有计划、有步骤的过程,同时还须大力发展职业化、专业化的社会工作机构和社会服务机构,以与这一过程相配合。

参考文献

[1] 王振耀,白益华. 街道工作与居民委员会建设[M]. 北京:中国社会出版社,1996.

[2] 徐永祥. 社区发展论[M]. 上海:华东理工大学出版社,2000.

第二编 社会体制改革与社会治理创新

本编为社会体制改革与社会治理创新,共9篇文章。其中,《城市基层治理的路径分析》《联动社区治理,创新基层建设》为社会体制改革前提下进行基层社会治理的具体路径。《迈向服务型社区治理:整体性治理与社会再组织化》《社区治理共同体的建设何以可能?——迈向经验解释的城市社区治理模式》以及《“社区制”治理范式何以可能:基于社会理性的视角》这三篇文章集中讨论的是基层社会治理的模式创新与具体实践,其中,徐永祥教授带领学生于2014年就曾提出打造“社区治理共同体”的构想,这先于党的第十九届四中全会所提出的“社会治理共同体”思想,足可见其在学术上的高瞻远瞩。《社会理性与新社会服务体系建构》《通过社区服务发展推进城市社区治理》《政府购买公共服务的理论谱系及其超越——以新制度主义为分析视角》以及《新社会服务体系：经验反思与路径建构——基于沪深两地政府购买服务的比较研究》是从政府购买社会服务以及社区服务等角度进行的论述，文章提出要推动基层社会治理改革与实践创新，并在理论上寻求突破。

城市基层治理的路径分析[①]

徐永祥　侯利文

随着中国社会转型不断向纵深发展，体制转轨不断深入，与计划经济时期国家整合城市社会相适应的“街居制”和“单位制”已成为历史，而社区作为国家与社会之间的缓冲地带开始在民众的生活中扮演越来越重要的角色。特别是政治学与社会学领域的众多学者以基层社区为阵地，秉持实证主义的路径，借助于“过程—事件”的分析方法详细考察了社区管理、社区自治以及基层社会的运作逻辑等多方面内容，为社区治理的研究提供了丰富多彩的地方性图景，丰富了社区治理的国家话语。

就当下已经取得的研究成果来看，目前的研究存在研究内容丰富多样、理论视角各有传承、研究方法长短互补且更重视实践逻辑等优势，但不容忽视的是，这些成果对于跨学科和学科内部不同流派之间的借鉴和融合明显不足，尤其是缺乏一个为实现彼此之间的沟通与对话提供可能的整体性分析框架（范式）。基于以上考量，我们试图集中探讨社区与国家的耦合状态，并尝试建立一个整

① 本文曾发表于《社会科学辑刊》2015 年第 4 期，此次收录略有修改。

合性的社区治理分析模型,从而为理解不同历史时期社区治理的制度形态提供全新的思路,为实现基层社会的有效管理提供类型化的思考。具体而言,本文的研究着力解决以下四个问题:如何比较社区治理的不同状态,比较分析的主要维度是什么,社区治理的不同类型之间的主要区别何在,基层社会治理创新的恰切路径如何建构。

一、理想类型:社区治理的分析策略

本文对社区治理进行的类型化研究,主要是借鉴韦伯"理想类型"的方法论思想建构而成的。所谓"理想类型",指的是"一种既包含普遍性因素又包括历史个性的概念类型,它是研究者选择和强调对象的某些重要的典型特征,同时舍弃或忽略另一些次要的非典型特征而组合构建的概念形式"[1]。它通过与现实保持一定的距离而达到对现实准确认识的目的。理想类型的建构需要遵循现实的情况,是在参照某种经验现实基础上的一种人为建构,是在一定的现实因素上形成的。作为一种概念工具的"理想类型"可以很好地发挥比较功能,有助于加深对一种现象的认识。不同的社区场域塑造了不同的社会治理实践,当人们局限在一种场域中进行观察和理解时,社会现象通常会成为人们"知识库存"中的"习以为常",这时,社会现象的研究价值就很难被挖掘和开发。而通过"理想类型"的爬梳,同一社会现象在不同场域中得以展演,就会激发研究者的学术兴趣和学术敏感性,进而引发研究者对"习以为常"的社会现象进行深入反思,进而有益于拓展研究者对社会现象的认识。作为一种分析工具的"理想类型",能够将不同的社区治理实践之间的"差异"和"相似"作为突破口而切入研究议题,通过差异与相似的对比探究社会治理的内在逻辑和动力。类型化研究注重同类现象之间的异同,可以最大限度地挖掘社会现象,给研究者铺陈出一幅社区治理实践的"宏观图式",由此建立的解释体系将更加全面、更加具有研究效度,进而使社区治理实践研究更加丰满、更为客观。

按照这一方法论原则,我们在对构成现实社区情况的诸多要素进行考量的基础上,选取了一些典型特征建构出比较框架,进而实现对纷繁复杂的社区治理实践的深层认识。

二、二维框架:社区治理的分析模型

社区治理实践都是嵌入在一定的历史时空和环境中,在现实场域中逐步推进的。社区治理的最终结果必然会受到具体场域或时空中各种因素的形塑,同时,社区治理的推进又会对环境产生一定的影响。因此,社区本身的具体情况即社区的情势,无疑成为考察其治理的重要维度。有鉴于此,我们对社区情势的分析主要从以下两个维度入手:一是社区的组织化程度,即社区的整合程度、利益分化程度;二是社区的规范化程度,主要是指国家的干预力量与社会自组织的发育程度。

其一,社区的组织化程度,即社区的整合程度、利益分化程度,反映的是社区整合的性质与程度。这一维度涉及社区的组织化是"机械团结"还是"有机团结"的问题,最终表现为社区是处于整合状态还是处于分化状态。社区环境中的组织、居民、政府以及乡规民约等环境变量必然构成了社区治理的"场域"。因此,社区中"居民的同质程度”和“社区的团结程度”等具体的社区情势，必然会影响社区治理的模式选择。社区治理也只有在充分考虑这些社区情势因素时才可以实现与环境的耦合，达到最佳的治理状态。

一般而言，社区组织化程度较高的社区是处于整合状态的社区。这类社区通过不同治理主体之间的有效博弈比较容易实现社区管理。具体分为两种情况：一是如果社区是基于多元主体的博弈而达成的“有机整合”，就会比较容易呈现社区善治的状态；二是倘若社区的整合是建立在一元主导下的“机械整合”，那么社区管治将是其比较适合的治理形式。

与上述情况相反，社区组织化程度较低的社区则是处于分化状态的社区，由于社区中不同利益主体各自为政，呈现分散化、原子化的状态，这样的社区要实现有效治理则会困难重重。

其二，社区的规范化程度，主要反映“国家—社会”的关系构成，衡量在社区治理的过程中国家与社会自组织之间的分工与协作程度。社区规范化程度实质上是一个关于“国家—社会”关系的连续谱系：一端是国家力量的绝对控制，全能国家；一端是社会影响的独立显现，政社合理分工、有序合作。

社区规范化主要包括两种情况：一是国家处于垄断地位，只有国家力量而无社会在场；二是社会组织处于独立地位，与国家相互协作、有序分工，共同在社区治理中发挥重要作用。就前者而言，国家主导社区管理的进行，社会处于发育不健全或是缺场状态，国家遵循自己的意愿和逻辑推进社区治理，进而导致社区行政化、内卷化。从后者来说，国家与社会形成了合理的分工，各司其职，社区中的各个利益主体在社区场域中进行平等协商、博弈，有效地实现了社区良性治理。

依据社区的组织化程度与规范化程度，交互分类后，我们可以构建出社区治理的理想类型（见图1）。

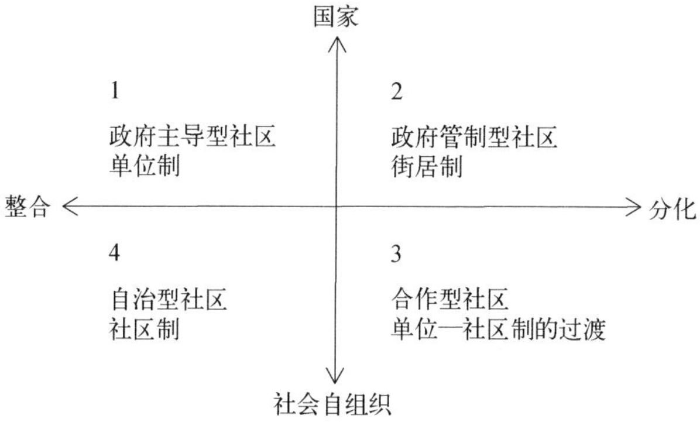

图1　社区治理的理想类型（二维分析模式）

由图1可见，关于社区治理的二维分析框架存在横向和纵向两个维度：横轴是社区的组织化程度；纵轴是社区的规范化程度。在这个框架中，可以确定社区治理的四个“理想类型”。类型1：国家“干预+整合”，政府主导型社区类型，该社区治理类型呈现社区利益的高度、机械整合，国家对社区的绝对、单一控制的特点。其所表征的社区类型显示，在同质性的社区情势中，社区管理表现为“单位制”的治理形态，国家几乎垄断了所有社会资源的分配，通过各个层级的“单位”实现了对城市居民的有效管理。类型2：国家“干预+分化”，政府管制型社区类型，该社区治理类型呈现社区利益处于碎化、散乱的状态，国家力量实现了对社区的绝对、程式化控制的特点。其所表征的社区类型显示，在社区居民利益分化的社区情势下，社区治理表现为“街居制”形态，国家垄断了几乎所有社会福利资源的分配，通过“街道—居委会”的形式实现对基层社区“无单位人”的有效管理。该社区治理形态主要是作为“单位制”的补充而存在的,可发挥拾缺补遗的功能。类型 3:“社会自组织+分化”,合作型社区类型,此时社区利益处于碎化、多元的状态。其所表征的是,在社会转型的过程中,国家力量逐步退出了社区治理空间,社会力量不断发育、渐次显现,社区多元治理主体整体上处于模糊状态。其所表征的社区类型显示,在多元化的社区情势下,社区治理表现为“过渡”形态,即国家突然退场,社会中的各个利益群体介入社区治理空间,但由于相应的制度缺失以及各主体的不成熟,社区治理基本上处于失控状态,社区治理陷入无序与混乱。类型 4:“社会自组织+整合”,自治型社区类型,该类型的社区中也存在众多治理主体,但各主体能在社区公共事务上协商议事、分工协作,实现“有机整合”,社区场域中基本上形成了“党委领导、政府负责、社会协同、公众参与、法制保障”的社区治理新格局,社会多元主体实现了对社区事务的有效治理。该社区类型显示,在多元一体的社区情势下,社区治理表现为“社区制”形态;在该社区治理场域中,社会自组织发育完善、功能互补,与其他社区治理主体共同致力于社区建设与发展。

三、模型展演:社区治理的现实类型

在上述比较框架的基础上,我们试图运用社区场域中开展的丰富多彩的治理实践与探索进行经验性的比较和类型化的对比,实现对社区治理实践的“类型学”研究,以检视不同历史时期不同类型的社区治理的特征和功能实现状况,验证社区治理二维分析框架的有效性和解释力,进而完善社区治理的相关理论,实现社区治理研究中"过程—事件"分析与"结构—制度"研究的整合。模型展演的结果如表1所示。

表1 城市社区治理结构的"理想类型"

	传统政府主导型社区	合作型社区	自治型社区
治理形式	单位制、街居制	单位—社区制的过渡	社区制
治理主体	辖区单位(一元独裁)	行政化居委会+其他主体(一元主导下的多元)	居委会+业主委员会+物业服务公司+社会组织(多元主体平等博弈)
主体间关系	命令、独裁	协作、竞争	合作、共治
利益整合度	机械整合	分化、碎化	有机整合
治理效果	中性运行	恶性运行	良性运行
典型个案	辖区内有大型行政、事业或国有企事业单位的社区	典型地存在于过渡时期处于探索状态的社区中	典型地存在于多元治理的商品房小区中

(一) 传统政府主导型社区

传统政府主导型社区主要指图1中类型1和类型2中的两种社区。在传统的政府主导型社区中,政府作为全能主义的"管家"[2],社区内的相关组织的功能得不到发挥,其典型的形式为"单位制"和"街居制"。具备一定科层等级的"单位"作为社区治理中的单一主体,几乎包办了社区中的所有事务,作为国家基层社区治理机构的居委会实际上扮演了"拾单位之遗,补单位之缺"的辅助角色。在这类社区中,基本没有专业意义上的物业服务公司和业主委员会等社会组织,因为以上这些组织的功能都可以通过单位来获得。社区中的一些NGO也多是一些兴趣性、娱乐性团体,社区的政治、经济、文化和社会参与都被单位的"全能主义"所消解。这一传统政府主导型社区类型目前还少量存在于那些辖区内有大型行政、事业或国有企事业单位的社区中,比如高校家属院、公务员小区等。在此类小区中,驻区单位仍然在社区的各项事务中发挥着主导作用,是“单位制”的现代传承。

就权力关系而言,社区中的各个不同主体之间的关系更多是一种“统治—服从”关系。在后单位制时代,各种国有企事业单位在社区中处于绝对优势地位,可以就社区的各项事务发号施令。此类社区处于一种高度、机械整合状态中,不允许有任何破坏社区共同体的行为存在,是一种刚性的治理状态;此类社区往往缺乏活力和创造力,处于高度稳定的状态,社区自我治理发展缓慢,这一点也可以从此类社区居民的参与率极低上得到验证。

(二)合作型社区

合作型社区对应图1中类型3中的社区类型,是处于社会转型期的一种过渡形态。在这类社区中,单位制已经解体或者名存实亡,形成自治型社区的条件又尚不具备,因此其治理的形态就表现为单位已经解体,街居制性质异化和功能模糊,不能作为有效的治理体制而运转。在这一类型的社区中,政府的单一主导局面已经被打破,社区场域中出现多个有着自己明确利益诉求的治理主体,尝试进行合作治理的实践。但是它们所代表的利益还处于高度分化状态,彼此之间以及和政府与市场的关系还没有理顺。在这个阶段的社区治理场域中,居委会作为国家权力在基层社区的代理人,其诉求必然是要实现街道政府对社区的有效管理,这与其自治的法定地位严重不符,使得居委会陷入身份尴尬与治理困局;业主委员会和处于碎片化状态的社区居民团体或准组织作为“独立”的主体开始出现在社区利益博弈中,但它们的组织属性尚不清晰、作用依然有限;各种类型的社区社会组织也逐渐进入了公众视野,正在尝试发出微弱的群体话语与主张。一幅丰富多彩的社区治理图景正在逐步展现,但社区场域中的多元主体间的力量并未形成平衡,其中,街道—居委会作为国家的代理人具有很强的合法性,加上文化传统的巨大惯性,民众对其仍具有认受性和依赖性,这就使其作为社区治理主体中的一元获得了得天独厚的独特地位与权力。

在合作型社区中,虽然出现了多元社区主体,但从权力关系来看,各主体间的地位严重不对等,彼此间很难在平等的基础上进行公平博弈,政府与其他多元的社区主体之间的关系形态呈现为"协作—竞争"的状态,这与过渡形态的性质相一致。这时,人们对于社区中的哪个主体发挥何种作用尚未达成共识。社区不同主体间处于一种分化、碎化的状态,存在很多声音,但是又没有形成一种"和音",社区实质上陷入了一种"失范"状态,处于恶性、混乱运行的状态,社区治理中很难形成一致意见,社区自我治理陷入僵局。

（三）自治型社区

自治型社区对应图 1 中类型 4 中的社区类型。在自治型社区中,社区处于高度、有机的整合状态,社区中的多元主体充分发育并且在社区治理中发挥各自的独特作用,其社区治理形态为社区制。在社区场域,社区社会组织充分发育,与其他志同道合的社区治理主体围绕着社区公共议题进行平等协商、反复博弈,共同致力于社区善治。在这类社区中,居委会、业主委员会和物业服务公司、社区志愿者等主体充分发育、各司其职;社区、社会组织以及社会工作者也实现了有效联动、协商共治;社区居民的参与意识、参与能力以及参与载体不断完善,积极为推动社区自治的实现贡献力量。

就治理主体而言,居委会、业主委员会、物业服务公司和社区自治组织是其治理结构中的核心架构,治理主体多元、独立,能够在社区治理场域中的不同位置按照各自的行动惯习进行互动。从权力关系来看,社区治理的多元主体围绕社区善治的目标形成了“多元复合”的合作治理格局,社区多元治理主体之间,包括政府基层组织,是一种“伙伴”式合作关系。多元主体间的利益诉求在充分协商的基础上实现高度、有机整合,在公序良俗的规范下实现良性运行和协调发展。

总之,上述三种类型的社区共时性地存在于中国当前的社区场域中,在实践中表现为各种各样的模式和进路。但是,伴随着社区多元主体的不断发育,社区共同利益的逐步整合以及国家治理现代化的渐序推进,社区治理必然呈现出这样一幅图景:就社区的组织化程度而言,社区在“有机整合”基础上的组织化程度不断提高,社区组织充分发育,并且在代表和凝聚社区居民利益方面作用凸显;就社区的规范化程度而言,国家与社会形成了合理的分工、各司其职,社区各个利益主体以社区为平台沟通协作、规范有序,实现了社区的自组织。因此,自治型社区是最终的努力方向和基层社会治理的合法性目标,而传统政府主导型社区只能作为历史,终将消弭于历史的尘埃中;合作型社区也只是在过渡的意义上才具有暂时存在的合理性。

四、未来展望:社区治理的阶段分期与路径建构

从社区治理的历史脉络来看,我国城市基层社会管理体制实现了由“单位制”“街居制”向“社区制”的转型,中国社会的治理理

念也经历了由“统治”向“治理”“善治”的嬗变，社区建设实践也见证了由“单一行政管理”向“多元复合治理”“协作治理”的发展。社区治理模型的展演也预示基层社会治理创新格局的推进大体上可以通过三个阶段来实现。第一阶段，政府主导，依靠行政力的推动、牵引，做好制度上的顶层设计和资源上的有力支撑，国家实现对社区治理的主导，社会协同力量有限。第二阶段，政府边放边收，培育社区的自组织能力，自上而下的行政力与自下而上的自治力互动协作，国家渐次淡出社区治理空间，社区力量不断显现，社会各个利益群体逐渐介入社区治理空间，社区利益处于碎片化、多元化的状态。第三阶段，政府无为而治，对社区自治发展不利的行政力全部退出，社区包括社会组织全心而入，社区治理各主体间在共同的社区诉求的追求中实现有机整合，社区场域中多元的民间自治力与成熟的行政力相得益彰、取长补短，共同建造和谐、繁荣的生活共同体。

林林总总的社区治理实践共时地存在于中国当前的社区场域中，丰富多彩的社区治理模式和进路展演于社区治理二维分析框架中，它们一方面深化了我们对社区治理实践的认识和理解，另一方面也预设了新时期建构基层社会治理创新的恰切路径。

第一，依据社区情势，具体选择社区治理的路径。社区治理存在不同的推进路径，各种路径的选择依循不同的社区情势而有不同。当前社区治理创新推进的方向应该是“自下而上”自治力的不断发育与培植，但我国社区治理传统的继承水平以及社区发展的具体现实昭示着“自上而下”路径的现实合法性。因此，社区治理的路径选择因社区发育的历时性特征，比如公民社会的进程以及社区发展的空间性因素会有不同。为此，我们要在理念上澄清以下问题。一是重新定位社区,合理选择社区治理模式的运作平台。这主要涉及对社区的界定:社区到底是作为国家治理单元的社区还是作为居民生活共同体的社区;社区到底应该定位在街道办事处还是应该定位在居民辖区;社区自治的载体设置在什么位置更为合适……二是依据社区的实际情势,具体选择社区治理创新的实现路径。要综合考量社区治理传统的前后继替、国家与社会关系的实际以及社区内外环境等方面,进而选择基层社会治理的应然路径。

第二,改革与完善多元共治格局,形成上下贯通的多层级复合共治结构。这种改革的实质是把政府及其代理部门,如街道办事处、社区工作站等和社会多元主体共同纳入一个横向秩序协商的治理框架之中,使社区治理的各个主体在社区这一场域中实现伙伴式合作,并通过平等协商使多方的诉求得到沟通和协调。此外,由于这一横向秩序协商的治理框架中也蕴含着不同治理层级间的纵向权威等级结构,社区治理中的横纵网络从而得以建立和实现衔接,有利于社区共治结构的完善。具体来说,可以有三个努力方向:一是以社区利益为载体,建设和完善社区利益诉求的群体表达机制或组织代表机制;二是不断促进社区社会资本的重构;三是充分培育与发展各类社会组织以及社区社会组织(准组织),尤其是专业的社会工作服务机构,实现“三社联动”,优化社会协同。

第三,合理划分政府、社会和社区的权力边界,依法保证社区自治。社区治理是一个系统性的工程,社区场域中存在国家、市场、社会等各方力量,要实现社区善治,就要做到不同性质的主体各司其职、各安其分,不越位、不错位、不缺位,密切配合,实现整合。[3]党的十八大提出,党委领导、政府负责、社会协同、公众参与、法治保障的社会管理体制新格局,其间蕴涵着政府、市场、社会(社区)在社会治理创新中的职能分工和角色定位。就社区层面而言,政府、社区、社会也要合理分工、有序合作。具体来讲就是,政府治理要更重视宏观调控,有所为有所不为;社区治理要更重视自治能力,积极进场有所作为,承担政府不能、市场不为、群团组织不宜的社区公共事务。

第四,以社区共同利益为纽带,促进居民利益社区化、社区利益公共化以及社区参与制度化。社区共同利益不仅包括居民在社区中获得的公共物品和公共服务,比如绿化、文化设施等,而且包括居民在社区中获得的精神享受与社区共同体意识,即社区认同感和归属感。[4]现实中社区利益的原子化与社区公共利益纽带的弱化以及城市社区内部的"陌生人社会"的高度不信任等,使得社区居民不关心社区事务、社区治理的参与度极低,社区公共利益缺失,社区公共意识难以凝聚。因此,社区治理应该重视公共设施和公共服务的建设,使社区公共利益与居民个人利益相互嵌套,将居民的"个人困扰"转化为"社区的公共议题",强化社区共同利益,凝聚社区共识,培养居民对社区的认同感和归属感,实现居民利益的社区化和社区利益的公共化。同时,在这一过程中,以社区共同利益为纽带,以对社区"公众议题"的界定为起点,凝聚社区公意,搭建参与平台,渐次发育社区居民的公民意识与参与精神。

五、结语

本文关于社区治理"理想类型"的建构只是一个初步的尝试,是一个暂时性的类型学划分,它会随着社区治理理念与实践的发展不断发展与完善。最为重要的是,通过对"理想类型"的解读,我们发现了更多值得进一步思考的问题。

首先,对于这一框架本身的价值与意义,尚需要我们进一步探索与研究。本文中,笔者通过"社区情势"这一虚设概念来解读社区治理的不同类型,进而从两个维度来对社区情势进行研判,交互分类之后形成四个象限,分别对应了我国社区治理中的几种类型:单位制、街居制、过渡形态到社区制。我们需要思考的是,这几种不同历时态的治理形式共时态地存在于中国当前社区治理的实践中,这本身就说明了在我国进行社会治理的复杂性之高、难度之大。那么,笔者建构的这一分析框架或许不能穷尽社区治理的各种类型,不能涵括社区治理的各种情势。然而,它更大的贡献可能是启发人们发展社区治理的两种路向:一是社区组织化路向的深入,可能的方向有利益分化、整合与社区自治程度的关系研究,利益分化与社区参与、社会资本的关系等;二是社区规范化路向的努力,可能的思路有国家与社会的关系问题(这也是关于社区研究的经典话题),社区不同主体的相互形塑与边界界定等。

其次,就国家与社会的关系问题,很多学者都进行了相关研究。现有的研究主要是从两个方面展开的:一是认为行政整合过渡,侵占了社会空间,需要国家做出调整;二是认为社区自治能力不足,需要尽快建设公民社会。从这两个方面出发固然可以窥见社区治理中存在的问题与不足,但缺乏一种整体性的视角,没有从"国家—社会"的系统中去反思社区治理的整体性和完整性。这就导致了现有的社区治理研究局限于一种非此即彼的思维中,难以有所突破。因此,如何从国家与社会的整体中去处理社区治理不同主体之间的关系也是我们应该深入研究的一个话题。

最后，社区治理同社区自治一样，是一种关系、一种分工与协作，更是一个过程。现有的研究大多是一种“过程—事件”的分析，秉承的是实践社会学的逻辑，这对于理解丰富多样的社区治理实践无疑作用巨大。但是，社区治理作为一种关系、一种分工，也需要学者进行“结构—制度”的分析，从而把握其中内在的理路，为我们正在进行的社区治理实践提供理论上的指引。就这点而言，笔者所建构的这一综合性分析框架或许有所助益。当然，这一类型化的框架，需要更多的实证研究资料来检验它的有效性和解释力，也需要进一步修正和拓展。

参考文献

[1] 国务院学位委员会办公室. 同等学力人员申请硕士学位社会学学科综合水平全国统一考试大纲及指南[M]. 2版. 北京：高等教育出版社，2003.

[2] 夏建中. 中国城市社区治理结构研究[M]. 北京：中国人民大学出版社，2012.

[3][4] 张宝锋. 论社区制改革的理念、原则和举措：基于治理理论的视角[J]. 郑州轻工业学院学报(社会科学版)，2011，12(3).

联动社区治理，创新基层建设[①]

徐永祥

社区建设、社区治理既属于社会治理和社会建设的范畴，也属于国家治理和国家建设的范畴。当然，社区也是党和国家开展与加强基层建设的重要平台。自 1994 年上海市率先探索城市社区建设以来，我国的城乡社区建设已经走过了 23 个年头。与 20 世纪 90 年代相比，社区建设的环境与动力、社区服务与管理的对象、社区治理的主体、社区治理的问题和任务等都发生了很大的变化。这就需要我们以习近平总书记一系列关于社会治理的讲话和《中共中央 国务院关于加强和完善城乡社区治理的意见》为指导，立足国家治理，以改革创新为动力，切实在实践中加强和完善社区治理的体制与机制，“努力把城乡社区建设成为和谐有序、绿色文明、创新包容、共建共享的幸福家园”。

一、创新社区治理、加强基层建设的内涵及相互关系

“创新社区治理、加强基层建设”，这个命题的两段是互为目的

① 本文曾发表于《小康》2017 年第 22 期，此次收录略有修改。

和互为条件的关系,不能割裂。

从创新社区治理的角度来看,社区治理体制机制的改革创新是根本动力,基层组织的建设是手段,政府和社会的投入是保障,“和谐有序、绿色文明、创新包容、共建共享的幸福家园”则是根本目标。这里,体制机制改革创新的内容至少体现在以下几个方面:一是,党领导社区治理的体制和机制,既包括党对政府的领导及考核,也包括对居委会、村委会、业委会等自治组织的领导,还包括对各类新型基层社会组织的领导;二是,政府负责社区治理的体制和机制创新,包括各级政府及部门事权和责任的区分,在“政社分开”的原则下政府社会职能转变的“清单”和政府向社会组织购买社区服务的“清单”;三是,基层政府与社区自治组织的关系,既包括政府对社区治理、社区建设事务的主导,基层政府对城乡社区居委会、村委会的工作指导与考核,也包括居委会、村委会对基层政府工作的监督与考核;唯此,才能切实提高社区自治(含政治、社会、经济等)的水平,提升居民对社区的归属感和认同感;四是,在“政社分开”原则下社会组织参与社区治理和社区服务的体制、机制及空间。

首先,从加强基层建设的角度而言,党的领导是根本,内涵建设是关键,存量建设须强化,增量建设须重视。必须看到,在计划经济时代,党与社会的关系平台是“单位”,通过这个平台,党才保证了自己执政的阶级基础和社会基础。在市场经济条件下,党与社会的关系平台主要是社区,关系载体则是社区自治组织和正在成长的社会组织。因此,加强党对社区自治组织和社会组织的领导,是今天厚植党的社会基础、实现党对整个社会有效领导的根本保障。其次,“基层建设”的内涵应该与时俱进。在传统概念中,基层主要指的是体制内的区县、乡镇、街道一级的党委、政府和各类公有制的基层单位组织，以及居委会和村委会等自治组织及党的基层组织。应该说，这些都是基层组织的“存量”，加强对其的建设尤其是能力建设乃应有之义。但要看到，社会组织越来越成长为且已经成为城乡社会基层组织的“增量”，其服务覆盖的人群在城市中大有超过居委会服务人群的趋势，且其在农村社区治理中的作用也愈益显现出来。所以，在当下，要加强基层建设，既要强化已有的“存量”，更要重视社会组织这一“增量”。

二、创新社区治理和加强基层建设必须发挥“三社联动”的体制优势

早在21世纪初，笔者就针对社区建设的体制弊端提出了“三社联动”的观点。近年来，“三社联动”已经成为社区治理创新的核心议题之一。然而，由于有关部门和学术界对“三社联动”的内涵界定尚不清晰，对“三社联动”的深层动因缺乏探究，致使“三社联动”在社区建设和社区治理中的体制优势尚未充分建构和发挥出来。所以，我们有必要对“三社联动”的内涵、动因进行再认识、再建构。

在民政部门和部分学者的解释中，“三社联动”指的是社区、社会组织和社会工作人才之间的联动，强调以社区为平台、以社会组织为载体、以社会工作人才为支撑的联动格局。诚然，这是对社区治理的一种现象性简单描述，有其合理性。问题在于，三者不是实践的关系主体，怎么能够联动起来呢？笔者认为，社区的确是党领导、政府推动的社区建设和治理的平台，也是社会组织、社会工作

人才参与社区建设和治理的平台。但是,在“三社联动”的概念中,这里的社区指的是在社区平台上开展工作的基层政府和居委会、村委会等传统的“体制内组织”,属于“存量型”的组织主体;社会组织则属于“增量型”的组织主体,而社会工作人才则属于“增量型”的专业组织主体及专业人员主体。此外,社会工作专业人才主要在增量型的社会组织工作,也可在存量型的体制内组织工作。因此,这里的“三社联动”指的是三类组织的联动,至少涉及三对关系:一是政府与社会(社会组织)的关系;二是居委会、村委会等“半政府”、行政化的社区组织(现状如此)同参与社区建设和治理的社会组织的关系;三是社会工作服务机构及社会工作人才与社区的存量型“体制内组织”的关系。

回顾历史不难发现,“三社联动”主要是针对传统的社区建设的体制弊端和社区服务的缺陷而被提出来的,也得益于沿海地区社会组织、社会工作人才参与社区治理创新所获得的成功经验。传统的社区建设具有高度行政化和低效率的特征,在社区管理中只有政府这一单一主体,而居委会因其高度行政化的限制使得其所开展的社区服务往往脱离居民的实际需求,且带有明显的“一刀切”和粗放型、经验性特征。这也是以往人们对社区建设满意度不高、居民对社区建设认同度不高、居委会工作人员对自己的地位和工作成效不甚满意的重要原因。针对这些问题,21 世纪初,上海、广东、江苏、浙江等沿海地区的一些地方政府开始逐步让渡部分社区服务和社区管理实务空间,吸引社会组织特别是专业社会工作服务机构介入社区治理创新,从而逐步建构起“政社分开与合作”的社区建设和社区治理的新体制、新机制,这一举措既明显提高了社区服务的针对性、有效性及服务水平,也提升了政府社会管理的能力和水平，还通过社会组织帮助居委会减少了行政事务，培训和提高了居委会开展社区自治工作的能力。由此，社区居民（包括户籍、非户籍居民）对社区的归属感、认同度也有了明显的提升。

事实证明，“三社联动”是社区建设和社区治理实践的一种制度创新，是政府优势、社会组织优势和社会工作专业优势的有机结合，是在社区平台上建构“政社分开与合作”新体制的有效途径。充分发挥“三社联动”的体制优势和专业优势，无论是对深化社区治理创新的实践和加强基层建设的工作，还是对提高整个国家治理和社会治理的法制化、科学化、精细化，都具有重要的现实意义。

迈向服务型社区治理：整体性治理与社会再组织化①

杨　君　徐选国　徐永祥

在计划经济时代，政府（国家）承担了社会成员的社会支持、社会福利、社会管理和政治动员等职能。随着向市场经济的转轨，原来由单位承担的大部分社会职能转移到社区，在"单位人"向"社区人"转变的过程中，对人的管理转移到"社区"这个重心上来。在此背景下，一种强调综合性的"社区建设"和"社区治理"的社会实践应运而生。因而，如何实现社区的善治，重建社区生活共同体，就成为政府、社会、学界等无法回避的核心问题。应该说，中国的社区治理是在一个有着几千年文明积淀、13 亿 7 000 万人口、960 万平方公里广袤国土的国家中进行的伟大实践。[1]而社区治理的核心是政府组织与非政府组织的合作，权利与权力的合作，进而实现多元主体共同治理。[2]基于此，本文试图回答：随着市场经济的发展以及"单位制"的解体，在当前"社区碎片化"凸显的背景下，如何

---

① 本文曾发表于《中国农业大学学报（社会科学版）》2015 年第 3 期，此次收录略有修改。

重建社区共同体，寻找社区治理创新的关键因素？换句话说，整体性治理视角下的社会再组织化在回应当前社区建设困境、构建服务型社区、构建社区生活共同体方面是否可为，如何可为？

一、城市生活的变迁轨迹：从单位制管理、社区服务到社区建设

改革开放前，政府以国家为中心推行各项社会主义经济与社会措施。国家各级政府几乎掌握了所有资源，它们通过指令性计划和行政化方式进行经济活动，并将经济生产的所得进行集中、统一分配。[3]在这种再分配经济的运作过程中，国家派生出两大载体：单位系统与地区系统。它们的职能分工是：前者负责分配和管理的对象是在职职工和老干部；后者则以无业者和退休工人为工作对象。[4]通常，几乎所有的劳动年龄人口都有自己的工作单位，单位系统成了既能创造财富又能集中大量成年人口的系统，从而成为社会的主流空间；而那些没有工作能力（老弱病残群体）或处于社会边缘的群体就由地区系统负责管理。地区系统由政府的派出机构，即街道办事处实施管理。在整个社会系统中，街道办事处位于社会的最底层，资源比较稀少，在社会中起调配作用。因此，可以看出，地区系统是国家为那些城镇非就业者、无劳动力能力者、无子女赡养者等弱势群体提供社会救助的“地区管理”场所。应该说，这些人居住的地方并不具有社区性质，而“地区管理”也仅是单位制管理的一种辅助或补充手段。总之，在这一阶段，单位制管理具有三个明显的特征：所有的单位都有一定的行政级别或隶属于某一个政府部门，并由一体化的党组织领导；所有的单位都有

一套职工福利保障制度；单位对职工（劳动者）拥有管理的权力，职工无法随意选择或离开自己的工作单位。中国社会存在的这种具有人身依附关系的单位制现象，被一些学者称为“新传统主义”。[5]在总体性社会时期，单位制管理作为我国社会建设的主要实践模式，具有其特定的社会历史条件。

改革开放后，伴随着社会结构的转型，中国社会发生了巨大的变化，同时出现了一些新的问题，如人口就业压力、老年人口如何赡养、家庭互助功能弱化、企业原有的福利职能如何向外剥离等，从而地区系统的管理与服务负担也越来越重。在此背景下，北京、上海、武汉、天津等大城市在民政部门的倡导下，开始利用社区的力量来兴办社区服务①事业，解决社区自身的问题。其具体做法是利用服务设施和服务项目来增进居民公共福利，并提高区域性社会服务的服务质量，这体现了一种针对弱势人群的补充型福利，尚不具有真正意义上的制度性福利的要素和特质。[6]

20 世纪 90 年代，民政部为了开拓民政工作提出了“社区建设”的概念。1998 年，国务院的政府体制改革方案确定了民政部在原

---

① 如 1987 年在大连的民政工作现场座谈会上，民政部首次提出社区服务的概念，将其定位为：在政府的领导下，发动和组织社区内的成员开展互助性社会服务活动，就地解决本社区的社会问题。具体而言，社区服务是在政府的统一规划和指导下，以一定层次的社区组织为主体和依托，以自助—互助的广泛群众参与为基础，既突出重点对象，又面向全体社区成员，用服务设施和服务项目来增进公共福利，提高服务质量的区域性社会服务。但是，我们不能将这一阶段的社区服务视为社区建设的真正开端。其原因在于：一是，在当时，民政部对社区服务的宗旨、内容的理解基本上还局限于传统的地区管理的范畴；二是，当时我国尚不具备开展社区建设的经济社会条件。直到 1992 年以前，我国经济体制改革的实践还处于“摸着石头过河”的状态中；那种以计划为主、以经济体制和政府单位为两极结构的社会体制并未受到根本性冲击，城市居民的单位人属性并未得到实质性改变；除了无单位归属的部分残疾人、孤儿、孤寡老人以外，绝大多数城市居民的利益和福利仍然由自己的单位统筹，并与地区、居住地之间普遍缺乏利益联结纽带。

基层政权建设司的基础上设立基层政权和社区建设司,以推动全国范围内的社区建设与发展。2000 年 11 月,中共中央办公厅、国务院办公厅转发了《民政部关于在全国推进城市社区建设的意见》,至此,社区建设在全国轰轰烈烈地开展起来。民政部首先选择在北京、上海、天津、沈阳、武汉、青岛等城市设立 26 个全国社区建设实验区。于是,各种相应的基层社区组织在"街居制"的影响下不断发展起来。政府的这种行为被一些学者称为"重建基层政权"。与此同时,在 1999 年全国社区建设研讨会上,一些学者提出了培育社区型的非政府组织,建立充满活力的社区建设运行机制与组织体系等建议。[7] 应该说,社区建设之所以能够有效开展,除了政府、社会、高校等各界力量大力推动之外,还缘于深刻的历史、经济、社会和文化背景。一是,随着市场经济的发展,个体、私营从业人员等无单位归属人员以及流动人员越来越多;二是,社会转型加快,单位制逐步走向解体,"单位人"转变成"社会人""社区人",居民的生活越来越依靠市场和社区,而不再完全靠单位来解决生活需求问题;三是,产业结构调整,我国下岗失业人员急剧增加,他们下岗后与原单位几乎没有多少联系;四是,人口老龄化的速度加快,各居民区的老年人口尤其是离退休人员显著增多。[7] 这些新问题的出现彰显了中国社会独特的个体化特征[8],使得原来地区管理的内涵、外延和重要性不断拓展,由简单的"地区管理"向综合性的"社区建设"和"社区管理"转变[9]。可见,中华人民共和国成立以来的城市生活,总体上体现了从"单位制管理"向"社区服务""社区建设"变迁的实践逻辑,这为我们分析当前社区治理中出现的问题及其路径提供了总体脉络。由此,社区治理作为社区建设目标能否实现的重要手段和抓手,成为当前社区建设实践的核心议题。

二、"社区碎片化"：当前我国社区建设的困境及其表征

现代城市社会的基本特征之一就是"异质性"，异质性的个人或者群体在结合成社区的过程中按照"市场"的逻辑组织起来，形成了分化的社区。[10]许多城市社会学家用"分化的社区"这一概念指称社区的"碎片化"现象。笔者认为，本文中的"碎片化"体现在社区和居民两个层面上：社区层面的碎片化是指居住空间的区隔化导致的社区类型的多样化；居民层面的碎片化是指利益结构的分化导致的社区居民生活的个体化。"社区碎片化"是当前我国社区建设进程中遇到的重要困境，具体表现出如下特征：

（一）社区类型的多样化与管理主体单一化之间的矛盾

传统意义上的社区依靠国家资源的总体分配，形成了具有中国特色的单位制社区。但是，随着市场经济的发展，个人自我实现的价值逐渐多元化，居住空间呈现阶层化趋势，社区不再是单一的层次，而是多层次的。从宏观层面上可将我国的社区分为城市社区、农村社区、城中村社区、城乡接合部社区等四种类型。而城市社区又可分为传统式街坊社区（老居民社区）、单一式单位社区（单位型社区）、演替式边缘社区（村居混杂社区）、新型住宅小区社区等不同类型；农村社区可分为"一村一社区"和"一村多社区"（自然村）等不同类型。社区类型的多元化要求我们针对不同类型的社区探索不同的治理方式，这也就导致了社区居民参与行动和参与方式的复杂化。有学者根据社区公共议题和参与决策过程归纳出四种社区参与类型：强制性参与、引导性参与、自发性参与和计划性参与。同时，这四种社区参与类型分别有相应的经验对照：福

利性参与、志愿性参与、娱乐性参与和权益性参与。[11]这些经验对照又反映了社区居民对参与社区建设主体多元化、社区参与方式多样化、社区日常生活丰富化等方面的强烈诉求,这就给传统的、由政府大包大揽的单一化管理模式带来了严峻挑战。因此,政府必须跟上社区居民观念转变的步伐,提供更加多元化的社会服务,满足居民的个性化需求。这一新的变化要求政府转变原有的工作理念和方式,形成一种协调与整合的治理方式。

(二)社会生活的网络化与社会关系混乱化之间的困境

现代科技(如电话、网络信息技术、新兴媒体等)的发展直接改变了人们的生活和行为方式。然而,更复杂的问题是:全球化以其扩张性整合突破了传统工业社会的组织形式,与之相伴的个体化却以碎片化的方式分解了工业社会的组织形式。[12]与此同时,以计算机和互联网为核心的信息技术革命,不仅提高了工业生产力,而且为劳动者开辟了更加自由的工作方式,这一现象被一些社会学家称为"无工作社会"或"劳动的个体化"。[13]由此,人们的日常生活从传统的地域性社区脱域,超越了单纯的物质空间、地理空间,形成了特定的社会关系。这里包括了可以自由选择的生活方式和社会网络,形成了一种自我管理、自我服务和自我负责的"为自己而活"的个体化生活理念。社会生活的网络化的最大特点是"脱域"和"缺场",这意味着人们的生活逐渐依赖于对抽象体系(专家系统和符号系统)的信任,而不是通过人与人之间面对面的信任来获得"本体性安全"。正是由于社区、网络和居民之间的联结纽带越来越复杂化,作为地域性社会组织类型的社区与作为社会关系或情感类型的社区之间的关系便经常出现混淆。因此,重新思考社区的本质内涵,整合不同视角下社区所具有的共同本质,是调和当前人们社会生活网络化与社会关系混乱化之间陷入困境的内在诉求。

（三）社区公共事务冷漠化与日常生活私人化并存

日益加快的城市生活节奏使得人们变成城市中的匆匆过客，人们越来越倾向于按照自己的主观意愿行事，人际交往和互信关系处于较低的水平，公共生活和个人生活之间出现了巨大的鸿沟。[14]许多经验调查表明，城市社区自治主体呈现“以居委会为中心”和“以自我为中心”的内外两大群体，两大群体在社区生活、自治理念及未来行动方案上均表现出二元区隔的状态，双方的异质身份、文化目标、利益取向等多方位的差异导致了区隔的形成。[15]这导致了一部分人以感情、人情、互惠和信任等社区资源为基础，积极参与社区活动，建构自己的关系网络，成为社区的内群体；另外一些人依靠自己的物质财富、社会地位更专注于自己的生活，而不参与社区公共事务和社区活动，形成了私人生活化倾向。对社区公共事务的冷漠化及专注自我的私人生活空间，使得他们像生活在自己设定的“牢笼”中一般。这种冷漠化与私人化并存的状态，容易导致社区内不同群体之间的分化，而要对不同群体之间的鸿沟进行弥合，则需要各主体通力协作，注重中介组织的培育，并以仿企业化机制的导入等路径来促进社区自治目标的实现。

可见，当前我国社区建设进程遇到了社区类型的多样化与管理主体单一化之间存在矛盾、社会生活的网络化与社会关系混乱化之间陷入困境以及社区公共事务冷漠化与生活私人化并存等难题，这些难题凸显了我国“社区碎片化”的显著特征。这表明，中国的社会结构正在发生变化：利益群体不断分化，以前那种全能型的国家管理方式或者集中型的治理手段已经不能再吸引社会结构的分化了。也就是说,整个社会结构从总体性向多元性或分散性转变,那么,我们的治理方式也应该由原来的全能型的国家治理为主,从强调总体型的社会支配性的治理方式转变成一个制度型、治理型、共享型的社会治理方式。实际上,我们现在的管理主要依靠制度,制度也是实现治理的一种手段,所以我们现在谈论社会治理的手段,实际上是想突出它是由一个制度来支配的。因此,在当前的社会治理中,我们应该寻求一种新的治理理念和方式,破解当前的社区建设困境,消除"社区碎片化"等问题。笔者认为,探寻一种服务型社区治理机制,是应对当前社区建设中"碎片化"问题,重构社区生活共同体与社区公共性的本质要求。

三、"国家—社会关系"视野下的整体性治理:一种新的分析视角

单位制解体之后,是否能够在社区层面上建立生活共同体,从"自在的社区"走向"自为的社区",从而找到服务型社区治理的关键因素?为了回答这一严峻的现实问题,在学术界,主流学者试图运用国家与社会关系的理论来解决社区建设和社区治理中的难题。因此,"国家—社会关系"成为中国社会学界研究社区治理的主要分析框架,同时,其也是社区研究中最具影响力的研究范式①。"国家—社会关系"视角下的社区研究,类似于王铭铭所说的"范式"的社区验证。[16]笔者按照"国家—社会关系"的分析框架,将社

① 这种范式也受到越来越多的检讨和反思,一些学者提出了诸如"社会中的国家""国家与社会的互动理论"等其他范式。

区治理归纳为四种理论和实践模式，如图2所示。其中，横坐标表示从分散式治理到整体性治理的社区治理连续性系统；而纵坐标表示从政府主导到社会自主，在“国家—社会关系”的逻辑下，社区治理的自主性在不断增加。

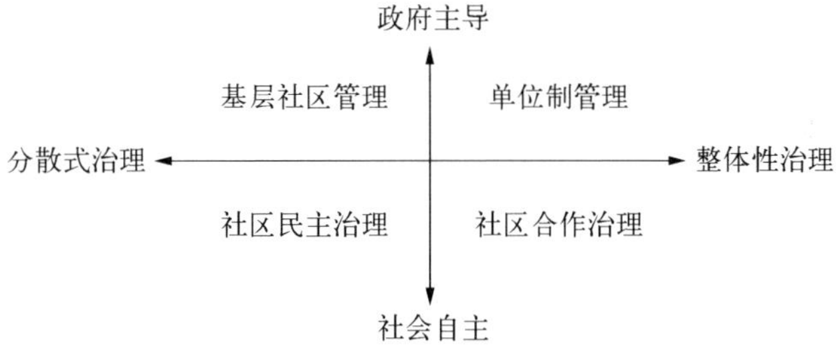

图2 “国家—社会关系”视阈中的社区治理模式

第一种理论取向是基层社区管理模式。这种模式的代表学者认为，政府为了解决市场经济兴起和单位制解体后出现的一系列社会问题而进行社区建设，并试图通过社区建设来加强基层管理。他们通常将社区当作一个城市基层管理单位，更多关注的是社区的地域范围、人口规模、组织建设和制度建设。在这种理论取向下，国家通过带有指令性的行政系统来完善和强化基层“条”“块”行政组织，在行政社区中重建政治权威的合法性，以强化国家的“基础性权力”[6]，而不是促进民间社会的发育。他们相信，只要从政府管理的角度出发，主动制定社区发展规划，完善社区组织建设和制度建设，加强基层社区服务，就能够承接单位制解体后被转移出来的社会职能及社会事务。这种价值观表明，在计划经济向市场经济转轨中，从单位制中解放出来的“社会人”，其社会需求不需要自己解决，而是通过相应的社会管理来满足。最典型的例子是：

上海在实行“两级政府、三级管理”改革的过程中,将社区定位为街道的范围,构筑了领导系统、执行系统和支持系统相结合的街区管理体制。[7]由此,也就形成了“重建政治权威”“基层政权建设”等基层社会管理取向的社区治理模式。

第二种理论取向是社区民主治理模式。该模式认为,社区建设的主要目的就是随着市场化、工业化、城市化,在日益分化和陌生的现代城市社会寻找某种内在的团结机制,重建地域基础上的生活共同体。由此,对于秉持这种理论取向的研究者来说,社区建设是普通市民在政府的主导下,利用正在形成的市场社会所提供的自由流动资源和自由活动空间,构建相对独立于国家的、具有一定自主性的“自组织空间”,从而在一定程度上形成能“自主”与“自为”的社会自我支持系统。[6]所以,在日常生活实践中,只要激发居民社区参与的积极性,提高居民的社区意识,通过自发组织和志愿者行动就能培育一种公共精神,来满足每个人基本的社会服务需求。这一理论取向试图将城市社区建设提升到一个正在形成的、与国家相分离的公共领域和市民社会的层面上。因此,以政府管理思维为核心的社区治理模式逐渐向以居民参与为中心的社区民主治理模式转变。例如,沈阳某些社区的治理模式将社区定位为小于街道而大于居委会辖区的范围,在社区内创造性地设立了社区成员代表大会、社区协商议事委员会和社区(管理)委员会3个社区自治的主体组织。[17]在这个主体组织中,社区成员代表在社区居民、驻社区单位、团体中按一定比例产生。此种模式调动了社区居民参与社区活动的积极性,形成了类似于“地域生活共同体”“基层社会发育”等社区民主自治取向的实践模式。

第三种理论取向是单位制管理模式。该模式认为,单位从整体上支配着整个政治、经济和生活领域。在这种情况下，单位扮演着全能主义的角色，不仅组织生产或承担教育、文化、医疗等职能，而且负责管理居民所有相关的政治活动。单位是城市社会组织架构的核心，而单位本身则是国家管理部门与单位成员之间的法团化组织，既是单位成员的利益团体，又是国家的管理机构，承担着沟通、联系国家与社会的作用。[18]

第四种理论取向是社区合作治理模式。随着改革的深化和利益格局的多元化，“国家—社会关系”范式下形成的“基层社区管理”“社区民主治理”和“单位制管理”理论取向，由于各自存在的内在缺陷，不断受到一系列挑战。在这种背景下，一些学者提出了社区合作治理理论取向，他们认为，在社区实践中，政府管理和社区自治并不是一种非此即彼的关系，而是一个持续的双向互动过程。他们相信，一方面，社区居民的需求越来越需要政府组织和市场组织提供资源服务；另一方面，社区的公共事务也由多个相关组织参与决策和执行。不难看出，居民参与社区治理与社区发展，不仅取决于自身的社会资源和行动能力，还受到国家权力和社区建设导向的决定性影响。最好的例子是，江汉模式将社区定位为小于街道、大于居委会的范围，通过民主协商和依法选举，他们构建了社区自治组织，即社区成员代表大会、社区居委会和社区协商议事会，并明确提出了社区自治的目标。[19]而实现这一目标的路径是转变政府职能和培育社区自治。这是一种政府与社会共同形塑、共同合作的实践模式，由此形成了“社区行动策略模式”“微观互动场景模式”和“组织权力关系”等社区合作治理模式。

通过对当前不同社区治理模式的归纳，笔者发现，在分散式治理环节中，基层社区管理模式仅把社会治理当作政府的社会事业或是行政工作,忽视了居民的社会参与;而社区民主治理模式则更强调一种政治学的学术话语,过度强调社会性要素的核心作用,鼓励社区居民积极参加社区活动、参与社区决策,推进基层社区民主化进程。这两种模式都是一种单一性与片面化的治理方式,前者忽略了社区内部的自组织、社区类型的多样化以及社区需求的多元化等特征,难以为社区居民提供优质的公共服务;后者忽视了社区治理实践中政府应该发挥的、不可或缺的公共服务职能。在整体性治理环节中,传统的单位制管理强调国家对资源的全面配置,对社区内的政治、经济和文化生活的全面管理,此时,个人被当作抽象整体的一部分,只能服从和附着于单位之中,单位承担着个人所有的社会事务。单位制管理模式忽视了单位内部各主体之间的互动,也忽视了单位外各社群的福利服务权益。应该说,社区合作治理是我们应该倡导的一种社区治理模式,在已有的研究中,诸多学者从政府、社会与市场三者关系的角度探讨了实现社区治理的合作路径。但是,在当前社会急剧转型的过程中,社区类型的多样化和居民生活的个体化导致了社区的碎片化:一方面,人们在市场经济社会中忙于追逐货币,实现各种理性价值,无暇顾及周围的人和事;另一方面,社区公共事务的纷繁复杂与居民多元化的服务需求产生脱节,导致居民公共意识和公共精神的缺失。[10]在此背景下,我们应该摒弃那种分散式的治理理念,积极倡导整体性治理理念,以消解当前社区的碎片化问题。

20世纪90年代,整体性治理理论在批判新公共管理理论分散化、竞争和激励等内容的基础上,突出了分散式治理导致部门机构协调困难的问题。例如,机构的政策目标互相冲突,不同机构或专业缺乏有效干预,公众无法得到满意的服务,公众服务经常出现遗漏等。[20]但也有学者以“整合还是分立”“合作还是竞争”为变量，将公共治理分为整体性治理和分散性治理两种类型①。整体性治理理论要求通过有效协调与整合，使多元主体的政策目标连续一致，促进政策执行手段相互强化，形成合作无间的治理行动。[21]在此，笔者将整体性治理（Holistic Governance）理论归纳为三层含义：第一层含义是指政府机构的治理理念是以民众最担忧的社会问题（医疗、教育等）为导向，而不是一味强调如何实施有效管理；第二层含义是指，对于某些社区问题而言，政府并不能完全按照它的功能来解决，而需要以合作的方式来解决；第三层含义是指，为了解决一些特定的社区问题，政府、居民、社会组织、社会工作机构之间实现整合运作与分工合作是必要的。整体性治理的目标就是使政府与社会各主体之间的功能得以最大限度地实现整合与发挥，以便有效处理公众最关心的一些问题，而不是在部门和机构之间疲于奔命。[22]不难看出，整体性治理理念为我们分析社区建设领域出现的“社区碎片化”问题提供了新的理论分析视角，其体现的协调、整合、分工、协作等核心思想，成为新时期开展社区治理的核心原则。

四、社会再组织化：迈向服务型社区治理新路径

从计划经济向市场经济转轨，从单位化到非组织化，是我国社区治理进程中呈现的最显著特征，也是社会分化的主要表现。在

① 整体性治理主张建立较少数量的大部门以强化合作，解决政府改革所引发的“空心化”和“碎片化”问题。与此不同的是，分散性治理强调建立更多较小的部门以强化专业性，在日益多样化的政府组织形式下保护公共利益，从而实现良好的治理。

“单位人”向“社区人”转变的过程中,原来由单位承担的大部分社会职能转移到社区,弱势群体以及许多新兴群体的管理和服务工作也直接落到社区层面。[23]由于社会组织化程度较低,以往作为城乡居民生活共同体和社会保障精神家园的单位已不复存在,单位人逐渐转变为缺乏社会支持、社会保护和社会组织关怀的“个体化的个人”和“原子化的个人”。[24]与此同时,社区类型的多样化、生活世界的网络化导致了城乡居民日常生活的碎片化。社区的碎片化进一步催生了社会的非组织化,这时,城乡居民没有获得更多的自由,并且缺乏生活的自主性,单位制下的身份认同在一定程度上受到消解。[25]由此,社会的再组织化就成为创新社区治理模式的必然选择。

社区治理的最高目标是善治,而善治的最终价值导向是倡导一种服务型理念:运用整体性治理理念,以多个主体进行整合性的运作,实现一种资源优势的互补。在此,社区治理被赋予了新的含义:更加强调社会的公平问题,在理论上,服务型社区治理以一种实现公共利益最大化为价值旨归的服务理念来解决社区的公共问题,促进社区公平。[26]这就要求我们必须打破原有的总体性的单位制管理格局。在此背景下,社会再组织化通过调动社会一切积极因素,发挥政府、市场、社会组织、公民等主体在社区建设进程中的各自优势,促成不同主体在社区建设领域形成一种协调、整合、分工、合作的治理格局,以消除单位制解体之后社会结构紊乱带来的风险及影响,使整个社会处于合作互助、稳定有序的多元共同体中。因此,本质上,社会再组织化命题与整体性治理理念、内涵是一致的,整体性治理为社区治理创新提供了新型分析视角,社会再组织化则是应对“社区碎片化”问题、创新社区治理的根本路径。

新的治理方式有利于进一步实现公共利益最大化，促进社区公平，并最终迈向服务型社区治理目标。

具体而言，在社区治理层面上，社会再组织化路径应着重关注四个层面的问题：政府、社区居民、社会组织、社会工作。其中，政策层面的目标涉及政府对特定社区治理问题进行公共干预的整体目标；社区层面的目标是关注居民的公共服务需求；组织层面的目标是有效地以社会组织为载体提供服务；社会工作层面的目标是以专业化、职业化的服务为有效手段。这四大主体之间共同构成社区治理的新格局，如图 3 所示。可以说，中国共产党提出的要努力建立“党委领导、政府负责、社会协同、公众参与、法治保障”的社会管理体制新格局[①]，正是对社会再组织化这一新命题的回应。

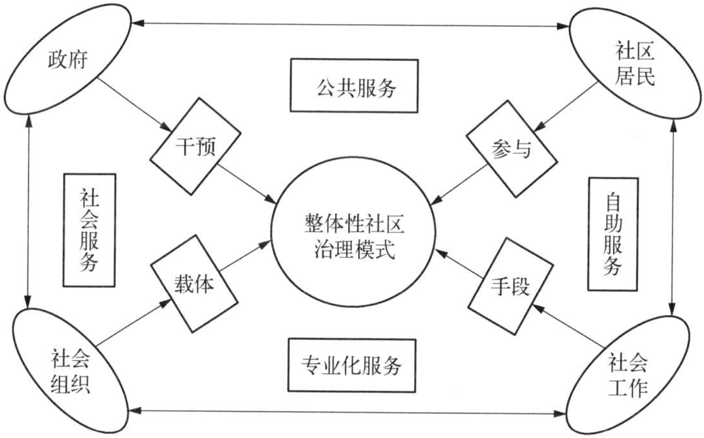

图 3　整体性社区治理的再组织化路径建构

① 《胡锦涛在中国共产党第十八次全国代表大会上的报告》，新华网，2012 年 11 月 17 日。

我们可以从以下几个方面阐述社区治理的再组织化路径。

（一）快速推进“政社分开”，形塑政府与社会组织的分工与合作

社会管理、社会服务与社区治理是现代政府的必要责任，但这并不意味着政府是开展管理和服务的唯一主体。社区治理主体的多元化以及“政社分工”基础上的社会再组织化是社区治理的必然选择。这里所谓的“政社分开”，是指政府部门与那些官办的或非官办的非营利社会服务机构之间的职责分工及组织分工，它可有效解决政府与非政府社会组织功能重叠的问题。[3]“政社分工”并非指二者的彼此对立，而是在社区治理实践中，为了更好地调动各自的资源与能力，加强双方的互动，实现共同的合作，建构服务型社区治理模式，从而实现社区“善治”。所以，笔者认为，分工与合作是服务型社区治理的重要理念，“政社分开”是社区治理的前提，而“政社合作”则是服务型社区治理的结果。在此种理念的指导下，其关键则是政府社会职能的转变。这就要求政府在社区治理实践中做好两方面的工作：一是，政府要将不该由自己管或是管不了的社会事务或服务职能剥离出来，通过政府向社会力量购买服务的方式转移政府的社会管理和服务功能；二是，政府要及时解决社会发展中的新问题，如群体性事件、新疾病等社会问题。正如克莱默和萨拉蒙所说，在公共服务供给中，政社关系的理想形态是“合作伙伴”，强调政府、社会和公民责任共担、共同决策，而不是政府单方面的责任和自上而下的决策执行。[27]而这种政府与社会组织在分离中合作、在合作中共赢的新型社区互动关系，是实现服务型社区治理的基本前提，也是国家治理现代化的重要组成部分。

（二）积极培育和发展新社会组织，建立党与社会的新型关系

在计划经济时代，党与社会的关系结构比较单一，是一种直接的管理与被管理关系。随着市场经济的发展以及单位制的解体，党和社会的关系变得越来越复杂。在此背景下，新社会组织可以成为重塑党与社会关系的桥梁；与此同时，新社会组织在组织社会、服务特定社会群体以及稳定社会方面也扮演着重要角色和起着核心作用。这是因为，新社会组织不同于 GONGO（官办机构），也不同于社区文体活动团队，更不同于以经济理性为宗旨的各种非企业组织（如经济类行业协会，律师事务所，教育、文化及体育机构），新社会组织是追求社会理性，提供非营利的社会服务或社会支持的、具有独立法人资格的社会团体。[9] 在具体实践过程中，新社会组织具有如下特征：民间性与自治性；需求为本、问题为本；公益性与非营利性；职业化与专业化等。在当前的社区治理中，新社会组织对于破除政府和街道行政全能主义的“迷思”具有重要作用。因此，我们应该重点培育和发展各类专业性的社会服务机构，尤其是跨社区的、去单位化的、去行政化的、自治性的社会服务机构，吸纳社会组织参与社区治理，充分发挥其在提供服务、协调利益、化解矛盾、反映诉求等方面的积极作用。因此，一方面，政府可通过方便登记、购买社会服务或委托社会服务、慈善服务以及免税政策和制度化的监管渠道，鼓励和支持新社会组织的培育和发展；另一方面，政府应该重点培育和优先发展公益慈善类、城乡社区服务类社会组织。[28] 笔者认为，新社会组织的发展既不能依赖政府，也不应该依靠市场，而应依靠自身服务于社区居民而形成的各种能力和机制。在新社会组织的发展过程中，党应主动介入和参与新社会组织的规划，积极引导和推动新社会组织的发育，利用新社会组织这个平台去组织社会，实现自身影响的“全覆盖”。

更为重要的是，新社会组织的发展为城乡居民提供了多样化的选择机会和服务空间，成为推进服务型社区治理目标的重要载体。

（三）大力培育社会工作人才队伍，营造积极向上的社区公共精神

社会工作的本质特征是其实践性，社会工作群体首先认同的是社会服务，这既是理论联系实际的尝试，也是专业要素的实践，其在实践中检验自己的价值观、伦理观和工作方法。[29]毫无疑问，社会工作的本质是一项助人的福利性行动，以帮人解困、尊重人的价值、满足人的需要和提供社会服务为其价值本质。[30]大力推进社会工作机构发展，建设宏大的社会工作人才队伍，既是保障和改善民生、倡导社会理性、促进社会和谐与公平正义的必然要求，也是完善社区管理、改善社区公共服务、促进民间社会组织健康有序发展、提高社会的再组织化程度的有效途径。[31]因此，应该将社会工作纳入各级党委政府的工作重点中，纳入政府目标管理和干部绩效考核体系中，从成立登记、场地提供、资金补助等方面，细化扶持社工机构发展的政策，调动社会力量兴办民办社工机构的积极性。在社区生活中，社工人才以城乡居民的需要为基础，以社区服务为根本，提供专业化、职业化的社会服务。社会工作机构和社工人才能够在社区与居民之间建立联结纽带，激发公民参与社区活动的主动性和积极性，有利于主动创造共同的价值理念，有利于消除社区生活私人化倾向，营造社区公共精神。在社区治理实践中，如果每个居民的成就与价值都能得到肯定，居民就会获得内在的鼓励和自信感，就会积极参与社区活动。因此，大力培育社区专业社工机构等公益组织，设计实施社工介入解决社会问题的特色项目，在城乡社区建立“社会工作组织孵化基地”，助推社工机构和社工人

才发展成长，既是实现服务型社区治理的有效途径，也是中国城市管理体制改革与公共服务模式创新的必然要求，更是当代中国正在生成的新型社会管理与公共服务的重要内容。[32]

（四）构建“三社联动”和“四位一体”的社区体制，构建新社会服务体系

所谓新社会服务体系，是指通过政府购买社会组织服务的形式来完善社会转型过程中的社会救济、社会保障、社会保险、社会福利等一些具体的服务性内容，来改善社区公共服务、创新社区管理的一套体系。[26]为了打破“自上而下”的行政性传统工作模式，发展新社会服务体系就必须以社区为平台，以各类社会工作机构为载体，以专业社会工作者为抓手，积极构建“三社联动”机制，实现社区、社团（社会组织）、社会工作的有效互动。与此同时，积极构建“党—居—站—社”的“四位一体”社区管理体制：社区党组织发挥“总揽全局、协调各方”的领导作用，居于社区治理的核心地位；社区居委会剥离了过去所承接的街道办事处交办的大量行政事务后，集中精力推进基层群众自治，实行自我管理、自我教育和自我服务；社区工作站作为街道办事处的行政服务中心延伸到社区的公共服务平台，履行提供政府公共管理和服务的行政职能；社区各类社会组织提供以服务性、公益性、互助性为主的社会化、专业化服务，从而实现资源共享的社区建设责任，参与、协同社区管理和服务。由此，通过社区治理体制机制的优化，来理顺社会工作与政府、社区、机构、居民的关系，促使政府转变职能，降低管理成本，整合人力资源，扩大社会参与，推动社会民主法制的进程。这种社区体制机制对多个主体进行整合性的运作，以实现一种资源优势的互补，既能对社会的再组织化发展起到积极作用，也是实现

服务性社区治理的必然途径。

五、后单位制时代的社区生活：制度完善抑或个人联结

当代中国社会，私人领域和家庭的分化使得个体难以找到具有道德意义的家庭组织，同时各个领域中个体间的冷漠化使得社会也呈现出萧条的景象。在这一社会背景之下，由于中国尚不具备西方意义上的福利保障制度，个体滞留于社会转型的空隙之中，缺乏安全感的同时也难以找到新的社会联结点，于是个体最终成为“原子化的个人”或“个体化的个人”。如何帮助个体寻求社会保障、社会支持、社会服务、社会福利，社会的再组织化成为关键。

在具体实践中，社区治理模式既不是一种社区管理、社区自治式的分散式治理，也不是单位制管理的整体性治理，而应该是一种以整体性思维为核心的新治理模式——服务型社区治理。这种模式以协调、整合为核心思想，以社会的再组织化为实践逻辑，以善治为最终价值导向。在纵向上，表现为党委领导、政府负责；在横向上，表现为社会协同、公众参与、多元主体合作。在此，笔者认为，中国式社区治理模式既不是西方意义上的“社会中心论”治理模式，也不是西方学者描述的中国社会的“极权式”治理模式，更不是国家与社会的彼此分立。大量经验表明，中国式社区治理模式的特殊性在于国家与社会是“我中有你，你中有我”的相互融合。[33]这让我们看到，在服务型社区治理中，国家的力量并非完全退出，而是具体的、直接的干预减少，国家的“抽象治理”逐渐增多。从实践的角度来看，国家的退出不一定有利于社区自组织的成长，反而是国家与社会协同、政府与社会合作、国家参与社会自治组织治理才能实现合作主义。[34]

当前，以社会再组织化为基础的整体性治理让我们看到了未来社区建设的美好图景。但是，我们也应该意识到，随着工业化、城市化的推进，市场经济和消费主义、现代科学技术和享乐主义的生活方式等因素撕裂了传统的、理想中的社区。社区的特征正在从“地域共同体”转向“脱域性的社会”。正如一些学者已经看到的，现代社会中并存着两种相辅相成的社会发展趋势：一方面，由于通信技术、大众传媒、交通手段、标准化的公共教育的发展以及居民流动性的增大，同时也由于市场的不断拓展，社会已经迈向一体化，在今天更表现为全球化；另一方面，从工作到消费，从法律到道德，从教育机会、社会福利到社会流动，现代社会的各项正式与非正式的社会制度安排都以“个人”为执行单位，社会意识不仅允许而且还在或明确或潜移默化地鼓励个体主动积极地组织安排各自的生活，从而导致了现代社会生活的个体化。[35]当社区治理不再是一个地域范畴时，人们的日常生活将越来越多样化，许多自发性的组织以及网络组织等超越了明确的地域界限，那么，以地域为基础的社区治理模式必然会显露出制度设计的弊端与缺陷。此时，后单位制时代的社区生活依靠完善的制度设计抑或个人联结，就成了未来社区治理研究值得深入探讨和研究的核心议题。笔者认为，在“个体化”“碎片化”彰显的今天，后单位制时代的社区生活无论是走向制度设计还是走向个人联结，其整体性治理思维下的社会组织化路径仍是对创新社区治理“是否可为”与“如何可为”的最好回答。

参考文献

[1] 郑杭生，黄家亮. 当前我国社会管理和社区治理的新趋势[J]. 甘肃社会

科学,2012(6).
[2] 俞可平. 治理与善治[M]. 北京：社会科学文献出版社,2000.
[3] 徐永祥. 政社分工与合作：社区建设体制改革与创新研究[J]. 东南学术,2006(6).
[4] 卢汉龙. 单位与社区：中国城市社会生活的组织重建[J]. 社会科学,1999(2).
[5] Daniel Chirot. Communist neo-traditionalism：Work and authority in chinese industry[J]. The Journal of Asian Studies, 1988, 47(1).
[6] 李友梅. 社区治理：公民社会的微观基础[J]. 社会,2007,27(2).
[7] 何海兵. 我国城市基层社会管理体制的变迁：从单位制、街居制到社区制[J]. 管理世界,2003(6).
[8] 闫云翔. 中国社会的个体化[M]. 陆洋,等译. 上海：上海译文出版社,2012.
[9] 徐永祥. 政社分开：我国社区建设制度创新的必要条件[J]. 华东理工大学学报(社会科学版),2004,19(4).
[10] 李强,葛天任. 社区的碎片化：Y市社区建设与城市社会治理的实证研究[J]. 学术界,2013(12).
[11] 杨敏. 作为国家治理单元的社区：对城市社区建设运动过程中居民社区参与和社区认知的个案研究[J]. 社会学研究,2007,22(4).
[12] 刘少杰. 网络化时代的社会分化与社会表象[J]. 当代世界,2013(2).
[13] [美] 曼纽尔・卡斯特. 网络社会的崛起[M]. 夏铸九,王志弘,等译. 3版. 北京：社会科学文献出版社,2006.
[14] 王永益. 社区公共精神培育与社区和谐善治：基于社会资本的视角[J]. 学海,2013(4).
[15] 闵学勤.社区自治主体的二元区隔及其演化[J]. 社会学研究,2009,24(1).
[16] 王铭铭. 小地方与大社会：中国社会的社区观察[J]. 社会学研究,1997,12(1).
[17] 于显洋. 城市社区管理与自治组织的发展[J]. 浙江学刊,2002(2).
[18] 陈家建. 法团主义与当代中国社会[J]. 社会学研究,2010,25(2).
[19] 汪波. 城市社区管理体制创新探索：行政、统筹、自治之三元复合体制

[J]. 新视野,2010(2).
[20] 竺乾威. 从新公共管理到整体性治理[J]. 中国行政管理,2008(10).
[21] 朱玉知. 整体性治理与分散性治理：公共治理的两种范式[J]. 行政论坛,2011,18(3).
[22] 叶璇. 整体性治理国内外研究综述[J]. 当代经济,2012(6).
[23] 李行,杨帅,温铁军. 城市社区治理的再组织化：基于对杭州市社区治理经验的分析[J]. 中共中央党校学报,2014,18(2).
[24] 田毅鹏,吕方. 单位社会的终结及其社会风险[J]. 吉林大学社会科学学报,2009,49(6).
[25] 杨君. 第二现代性下的风险社会与个体化[J]. 内蒙古社会科学(汉文版),2013,34(1).
[26] 杨君,徐永祥. 新社会服务体系：经验反思与路径建构：基于沪深两地政府购买服务的比较研究[J]. 学习与实践,2013(8).
[27] 康晓光,韩恒. 分类控制：当前中国大陆国家与社会关系研究[J]. 社会学研究,2005(6).
[28] 卢汉龙. 民间组织与社会治理[J]. 探索与争鸣,2006(5).
[29] 王思斌. 走向承认：中国专业社会工作的发展方向[J]. 河北学刊,2013,33(6).
[30] 杨君. 社会工作核心价值观再建构及反思[J]. 内蒙古社会科学(汉文版),2014,35(2).
[31] 徐永祥. 社会的再组织化：现阶段社会管理与社会服务的重要课题[J]. 教学与研究,2008(1).
[32] 李迎生. 加快与和谐社会建设相配套的社会政策建设[J]. 河北学刊,2007,27(3).
[33] 徐中振,李友梅,等. 生活家园与社会共同体:“康乐工程”与上海社区实践模式个案研究[M]. 上海：上海大学出版社,2003.
[34] 陈伟东,李雪萍. 社区治理与公民社会的发育[J]. 华中师范大学学报(人文社会科学版),2003,42(1).
[35] 王小章. 何谓社区与社区何为[J]. 浙江学刊,2002(2).

社区治理共同体的建设何以可能？

——迈向经验解释的城市社区治理模式[①]

杨　君　徐永祥　徐选国

改革开放三十多年来，我国社会经历了快速转型，传统计划经济体制下的"单位制"也在较短的时间内解体，由此释放出来的社会成员大量流入社区，直接面对社会和市场，这使政府的传统社会管理模式面临前所未有的挑战。因此，各级政府以不同的方式，积极探索行政手段与经济手段、技术手段相结合的社会管理模式。但随着改革的不断深化，各种社会矛盾日益凸显，政府的社会管理成本居高不下，预期效果不甚乐观。党的十六届四中全会以来，中央从宏观层面提出健全"党委领导、政府负责、社会协同、公众参与"的社会管理新格局。十八大进一步要求加快形成社会管理体制，强调以法治来保障社会管理多方主体之间的权责关系。十八届三中全会把"完善和发展中国特色社会主义制度，推进国家治理体系和治理能力现代化"作为全面深化改革的总目标，这是我们党从新的历史时期所面临的国际国内形势出发做出的重大战略决策

---

① 本文曾发表于《福建论坛（人文社会科学版）》2014 年第 10 期，此次收录略有修改。

和部署，对于回应我国现代化进程中出现的诸多社会问题具有重要的理论和现实意义。这表明，当代中国正在经历一次重要的社会治理模式转型，其核心是要形成与市场经济加速转型相适应的社会秩序平衡系统。笔者认为，“社区治理共同体”建设这一重要议题的提出，就是为了回应这种社会治理转型与创新的重要尝试。社区治理是各种公共或私人机构、个人管理其共同事务的诸多方式的总和，社区治理强调的是行动主体的多元化与平等性，政府、社会组织以及居民等主体在协商中形成合作，通过彼此互相影响、互相形塑来解决问题，最终实现共生共赢。本文尝试对上述问题进行思考与探讨。

一、“共同体的社区”与“社区共同体”

（一）作为“共同体的社区”

在人类发展史上，“我们越往前追溯历史，个人就越显得不独立，从属于一个较大的整体”[1]，即在过去，人是以群的状态整体地存在的，个人从属于共同体。按照滕尼斯“共同体理论”的解释，社区无非是一种按照共同体生活的、自我满足的有机体。[2]这种共同体遵循的是一种由“本质意志”所导致的、建立在自然情感一致的基础上的、联系紧密的、排他的社会联系或共同生活方式，是产生亲密关系、守望相助、富有人情味的生活共同体。人们生活在“自然形成的”（而非“政治性的”）较小群体之中，诸如家庭、氏族、村社、教区、行会、采邑、自治市镇等。在此种意义上，共同体是人们社会联结的一种形态，社区以共同体的形式而存在。笔者称之为“共同体的社区”。

在传统的中国社会，农村社区中的共同体是以统一和团结为特征的社会联结和组织方式，它以血缘（家庭）、地缘（村庄）和精神共同体（友谊或信仰团体）为基本形式。该共同体构成了绝对的统一体，排除了各部分之间的差别。能够配得上这种称呼的群体，不是一个彼此联系的不同个人组成的集体，甚至不是有组织的集体，而是一个没有分化、密集的人群，该人群只进行集体活动，构建了共同的生活、彼此的亲近、共同的空间，形成了一种有意识的集合体。而在中国的城市社区，单位制共同体就是笔者所描述的“共同体的社区”的典型形态。单位从整体上支配着人们的整个政治、经济和生活领域。在这种情况下，单位扮演着全能主义的角色，不仅发挥着组织生产或教育、文化、医疗等职能，而且负责管理居民所有相关的政治活动。单位是城市社会组织架构的核心，而单位本身则是国家管理部门与单位成员之间的“法团化”组织，它既是单位成员的利益团体，又是国家的管理机构，承担着沟通、联系国家与社会的作用。在这里，“单位”就是一个客观存在和相对独立的研究主体与研究对象；社区是共同体意义上的社区，人们在这里温情脉脉、相亲相爱、共同生活，找到了一种安全感和归属感。

（二）“社区共同体”：从地域性到“脱域性”

应该说，共同体意义上的社区是农业社会中乡村共同体的深刻描绘，在这种相对封闭、相对静止的社区中，居民之间容易形成一种守望相助、出入相友、疾病相助的关系。社区作为一种群体生活而不是个人意志的结构，完全由习惯、习俗和传统来引导，是以整体优先于部分而存在。但随着市场经济、城市化和消费主义的到来，新的生活方式撕裂了传统的、理想中的社区[3]，社会流动加快的同时，在由身份社会向契约社会的迈进中，个体越来越居于本位。在这种以市场经济为导向的社会情景中，各个主体之间的社会联系和组织方式以利益和契约为基础，具体体现为现代政府、政党、军队和企业等。

基于以上认识，社区不再是具有特定边界的地域性生活共同体，人们日益生活在一种自由竞争而又复杂分工的社会氛围之中，从某种程度上说，人们生活在个人主义占据统治地位的社会中。每个人各自为营，面面相对，彼此具有完全独立的品性，进而签订“和平条约”，除货币外，个人无法形成共同的联系。换句话说，现代社会中的所谓“社区”，就其居民之间联系的纽带的性质而言，恰恰是滕尼斯所说的“社会”(Gesellschaft)，它与其他社会联系并没有什么不同，都以个体之间的利益合理为基础。[4]此种意义上的社区与其说是共同体意义上的社区，还不如说是方法论意义上的社区。这种社区的目的是，在原有共同体瓦解之后，人们以社区为单位，重建新的共同体。笔者称之为“社区共同体”。此时的“社区”被当作一种研究社会的特殊方法、研究范式和切入点，或者说把它当作研究其他主题的一个具体而独特的“场域”。[5]在中国社会，从计划经济向市场经济转轨的过程中，“单位人”不断向“社区人”转变，但是，在长期缺乏社会中介组织的前提下，人们不具备真正意义上的“社区人”属性，更加明显地表现为单位制解体后的原子化动向。为有效解决这种巨大转型带来的风险和困境，以及重建单位制消解后人们社会联结的纽带，中国开始了轰轰烈烈的社区建设运动。这场社区建设运动旨在重建社区共同体，并由此形成了三种基本的社区治理模式。①

① 第一种理论取向是基层社区管理模式。这种模式认为，社区治理的最终目（转下页）

二、城市社区建设的三大困境：碎片化、冷漠化与个体化

改革开放以来，受市场经济与国家政治体制改革的双重冲击，在“单位人”向“社区人”转变的过程中，原来由单位承担的大部分社会职能转移到社区，弱势群体以及许多新兴群体的管理和服务工作也直接落到社区层面。[6]异质性的个人或者群体在结合成社区的过程中按照“市场”的逻辑组织起来，形成了分化的社区。[7]因此，我国城市社区呈现了三种新特征。这种新特征主要表现在社区组织碎片化、社区公共性衰落、社区生活的个体化等三个层面上。

（一）单位制的瓦解与社区的碎片化

传统的社区治理是以政府（国家）作为全能垄断主体进行的整体性社会组织化格局，它承担了社会成员的社会支持、社会福利、社会控制和政治动员等职能。伴随着市场化和现代化的进程，在社会变迁的剧烈冲击下，城市社区组织遭遇了前所未有的挑战，其发展空间逐渐被挤压、社区组织功能萎缩和退化、社区公共性逐渐衰落等，即所谓“城市社区的‘碎片化’”。在单位制向社区制转轨的过程中，原有的多元职能被下放到社区这个场域，例如：许多离

（接上页）标是政府解决市场经济兴起和单位制解体后出现的一系列社会问题，并通过社区治理加强基层管理。第二种理论取向是社区民主自治模式。这种模式认为，社区治理是普通市民在政府主导下，利用正在形成中的市场社会所提供的自由流动资源和自由活动空间，构建相对独立于国家的、具有一定自主性的“自组织空间”，从而在一定程度上形成能“自主”与“自为”的社会自我支持系统。第三种理论取向是社区合作共治模式。此种模式认为，在社区实践中，政府管理和社区自治并不是一种非此即彼的状态，而是一个持续的双向互动合作的过程。

退休人员的管理下放到了社区；个体、私营从业人员等“无单位归属人员”以及流动人员的管理也逐步下放到了社区。在这一过程中，个人和家庭因失去单位共同体的庇护而暴露在各种经济与社会风险面前。[8]这种社会生活的原子化和个体化过程使得单位共同体蜕变为名存实亡的松散里弄，导致社区秩序、社区纽带、社区关系和社区公共精神出现“大分裂”。[9]由于社会组织化程度低，以往的单位作为城乡居民生活共同体和社会保障的精神家园的状态已不复存在，单位人逐渐转变为缺乏社会支持、社会保护和社会组织关怀的“个体化的个人”和“原子化的个人”。从实践经验来看，世界的现代化进程表明，一个社会的组织化程度越高，其稳定性就越强，社会活力就越大，社会管理的难度就越小；反之，因缺乏活力和社会理性（不同于经济理性），社会的稳定性就越差，社会管理和社会治理的难度则越大。[10]对社区中的居民来说，社区已不再是一个充满安全感、凝聚力、归属感和情感联结的共同体，而仅仅是一个居住的地方，一个与个体社会生活没有任何关联的场所。

（二）家庭功能的分化与社区公共性的衰落

在对当代生活世界的描述中，贝克以西方的福利国家、民主文化为背景预设，个体作为一种积极行动的主体参与社会工作并承担社会转移的风险，过着一种从“为他人而活”转向“为自己而活”的生活。与此不同的是，在中国的后单位制时代，人们从传统的制度束缚中解放出来，个体成为自由而不确定的主体。在面对现代分工社会的职业竞争、陌生的人际关系时，个体更倾向于选择退回到家庭等私人领域内寻求温暖和庇护。而在公共领域，则表现为碎片化和分离化，即缺乏一种自主的公共精神。遗憾的是，在现有的情况下，原来由单位承担的政治、经济与文化一体的综合性功能开始转移到社区之中；同时，传统意义上的家庭也开始瓦解和分离，越来越变成一种核心化的结构，家庭也不再承担经济和社会功能，更多的是在尽一种生育子女的义务。可以说，当代中国社会的特殊之处在于：在私人领域，家庭也开始分化，个体找不到道德意义上的家庭组织；而在公共领域，人与人之间冷漠、互不交往，呈现出一片冷漠、萧条的景象。由于中国缺乏西方意义上的福利制度保障，个体就滞留于社会转型的空隙处，既没有了安全的保障，也尚未寻找到新的社会网络。因而，作为“原子化的个体”和“个体化的个人”，急需来自政府的社会保障、社会支持、社会福利与社会服务。

（三）风险社会与居民生活的个体化

在后单位制时代，种种束缚和限制变得可渗透并最终被打破，那些曾经属于家庭、宗族或者自然事先给定的东西，如今转变成了种种问题和抉择，尤其体现在私人生活之中。人们的生活方式发生了巨大的变化：一方面，个体面对“分裂的社会”拥有更多的自由，然而这些自由是不确定的，充满无限的风险；另一方面，个体化意味着既有社会形式的解体，包括阶级、社会地位、性别角色、家庭、邻里等范畴。[11]在这样的情境中，现代人的生活“得到了大地，却失去了天空”，按照鲍曼的话说就是“没有共同体的自由意味着疯狂，没有自由的共同体意味着奴役”。[12]所以有人认为，有灵性的人类世界若缺失了生活共同体就容易造成心理扭曲。涂尔干用“失范”状态形象地描绘了转型社会中自杀现象的迅猛增加以及连带的许多其他病症，揭示了现代化进程中人们生活的一种混乱状态。[13]如果个人之间的相互关系不再受到某种限制，那么人们每时每刻都会发生混乱和冲突。而托克维尔用“冷漠人”的观点表达了个体的生活状态。他认为，在个体化时代，每个人对整体的义务日益增加，而为某一个人尽忠的事情则比较少见，因为人与人之间的爱护虽然广泛了，但却稀薄了。[14]每个人不顾后代，并与他人疏远。它使个人遇事只想着自己，最后完全陷入内心的孤寂。无论是涂尔干笔下的“失范的个人”还是托克维尔心中的“冷漠的个体”，都试图告诉我们：传统社会组织（家庭、宗族、村社、地方团体）的瓦解带来了个人生活的“脱域化”，个人凭借自身的微弱力量难以面对复杂且充满风险的世界。因此，我们更需要在个人和国家之间建立中介团体，以填补社会的缝隙，将“脱域了的个体”重新嵌入社区共同体之中。

三、社区治理共同体的建设何以可能？

社区是基层居民自治组织开展工作的场域，社区治理在很多方面都凸显了如何处理好政府、市场与社会的关系。[15]在这个问题上，全国各地在探索中形成了许多好的经验，也出现了各种不同类型的社区，如传统的街居社区、单位大院社区、新兴物业社区。当前我国城市社区呈现出社区组织碎片化、社区公共性衰落、社区生活个体化的三重新特征。这导致社区已不再是一个充满安全感、凝聚力、归属感和情感的共同体，难以发挥社区的原有功能。如今，城市社区生活既不能回到以前互帮互助、温情脉脉的共同体之中，也不是当前城市社区所呈现的以个体利益为本位、以货币交往为媒介的利益共同体。我们应该在城市社区重建新的共同体，笔者称之为“社区治理共同体”。此共同体以政府、社区、社会组织和居民为社区主体，以社会再组织化为手段，力求实现多元主体共同治理。在社区治理层面上,具体表现为政府、居民、社工、社会组织等主体的多元互动。其中,政府是制度实践的保证并提供公共服务;社区居民参与自助服务并重建社区公共生活;社会组织与社会工作的介入为居民提供专业化的社会服务。通过多个主体之间的整合性运作,实现一种资源优势的互补与合作供给。在此,社区治理被赋予新的含义:更加强调社会的公平问题,在理论上,社区治理共同体以一种实现公共利益最大化为价值旨归的服务理念来解决社区的公共问题,促进社区公平。要使社区治理共同体得以建立,我们需要以社会再组织化为实践路径进行探索。

(一)公共性的服务:国家制度建设的重要保证

公共服务需要由政府提供,或者政府有责任来保障将其提供给有困难的群体。当前,伴随着社会结构新的转型,中国社会发生了巨大的变化,同时出现了一系列新的问题,如人口就业压力日增、老年人口赡养和家庭互助功能何以实现等。因此,社区的管理与服务的负担也就越来越重。在这样的背景下,政府应该通过利用掌握的资源和权力来改进与完善基层“条”“块”行政组织,培育民间社会力量。政府应从管理的角度转向服务和治理的角度,主动制定社区发展规划,完善社区组织建设和制度建设,加强基层社区服务,以便承接单位制解体后转移出来的社会职能及社会事务。这种价值观表明,在计划经济向市场经济转轨的过程中,从单位中解放出来的“社会人”的社会需求的满足是离不开政府的帮助和支持的。概括地说,在社区治理中,我们不仅需要社会组织和社会工作人才提供专业化服务,也需要国家和政府向一些弱势群体提供最基本、最广泛的公共性服务,而在这之中,政府社会职能的转变最为关键。

（二）社会化的服务：社会组织与专业社会工作的介入

与公共服务强调政府向弱势群体提供社区服务与帮助不同，社会服务关注各种社会组织提供的公益服务，甚至是企业出于社会责任提供的公共服务，还包括各种慈善事业。在现代社会，社会服务的需求呈爆炸式增长，如果完全由政府通过税收的方式来满足公共需求，不仅成本很高，而且也会入不敷出，甚至会把矛盾都集中到政府层面上。况且公共需求越来越多样化、个性化、复杂化，统一的公共服务很难具有针对性、有效性。正是在这种背景下，十八届三中全会通过的《中共中央关于全面深化改革若干重大问题的决定》指出，“适合由社会组织提供的公共服务和解决的事项，交由社会组织承担”。截至 2013 年 6 月底，全国依法登记的社会组织有 50.67 万个，其中社会团体 27.3 万个，民办非企业单位 23.0 万个，基金会 3 713 个。经过多年的发展，我国社会组织的整体实力不断增强，在经济社会发展中发挥了积极作用。[16]

在社区治理中，政府可通过方便登记、购买社会服务或委托社会服务、慈善服务以及免税政策和制度化的监管渠道，鼓励非营利性组织的发育和发展。重点培育和优先发展公益慈善类、城乡社区服务类社会组织。这类组织具有民间性、自治性、公益性、非营利性等特点，更重要的是，它们具有不同于政治理性和经济理性的社会理性特征，这是当前及未来中国社会发展新社会组织的根本理念和内在要求。这些民间组织给予社会的不单单是新型的社会组织体系、耳目一新的价值观念、制度性创新的动力源泉等，更为重要的是，它们可以为人们提供多样化的选择机会和活动空间。同时，在改善社区公共服务的过程中，应该将社会组织和社会工作发展纳入各级党委政府工作议程之中，纳入政府目标管理和干部绩效考核体系之中，从成立登记、场地提供、资金补助等方面，细化扶持社工机构发展的政策，调动社会力量兴办民办社工机构的积极性。在社区生活中，社工人才应以城乡居民的需求为基础，以社区服务为根本，提供专业化、职业化的社会服务。社会工作机构和社工人才能够在社区与居民之间建立联结纽带，激发公民参与社区活动的主动性和积极性，有利于主动创造共同的价值理念，有利于消除社区生活私人化倾向，营造社区公共精神。通过加快培育发展社会组织，吸纳社会组织参与社区治理，大力培育发展各类社会组织，加强政府与社会组织之间的分工和协作，就能充分发挥它们在提供社区服务、协调利益、化解矛盾、反映诉求等方面的积极作用。

（三）自助化的服务：社区居民的积极参与和自主治理

在单位制已然式微、小家庭成为主要社会细胞的情形下，何处才是抵御社会原子化、碎片化的堡垒，何处才是安放漂泊心灵的港湾，何处才是我们真正生活的家园？此时，社区和社会组织建设比以往任何时候都重要。不过，社区和社会组织不会自动成为充满归属感和安全感的家园，需要社区居民在社区参与和社区行动中来实现。在经验调查中，我们发现，在城市社区中，多数人的办事原则既不会偏向完全理性，也不会偏向非理性，而是在情理上找到一条平衡的中间路线，以达到“合情合理”。如同中国人所讲的人情法则，也可以说是人情交换法则，是一种社会交换。人情交换的本质是个体间基于情感性关系而产生的工具交换行为。人情法则适用于亲戚、邻居、同乡、好朋友等熟人关系，这一法则不仅是一种用来规范社会交易与经济交易的准则，也是个体在稳定及结构性的社会环境中用来争取可用资源的社会机制。在具体的社区实践中，通过培育社区内部的社会资本来推动社区发展，努力培养以社区内部居民为成员的草根型社会组织，以社区居民为参与主体，因地制宜地策划和实施劳动项目和活动项目。他们通过"义仓""义集""义坊""义学"和"义网"等方式，开展老旧小区改造、屋顶花园开发认领等特色劳动项目。这些项目，不仅是社区居民交流信息、密切联系、参加劳动和参与活动的平台，还是汇集爱、转化爱、学会爱和传递爱的平台。

长期以来，中国社会自组织化（或合作）的社会基础在于中国属于典型的熟人社会，血缘和地缘的高度结合加上姻亲关系，使得人们在宗族、村庄等小群体内部有着密集的社会关联、高度的信任和强烈的认同感。与关系密度相比，关系网位置的中心性对集体行动的作用更明显。当合作的倡导者和发起者位于社会关系网的中心位置时，意味着其能够通过私人关系接触到大部分其他成员，因此可以更容易说服其他人加入。在当前的城市社区中，有些人有政治能人背景，并兼为经济能人或社会能人，能够有效地影响社区内其他成员的态度和行为。我们可以把这一类人称为"社区领袖"。相较于传统意义上的社区小组长一角，"社区领袖"的角色扮演显然更加专业。通过社区干部寻找到具有"准领袖"潜质的目标对象，再由专业社工为其做一些专业的辅导和能力的提升，使他们具备基本的社区领导和服务能力，那么，"社区领袖"就能成为社区干部服务居民的左右手，并通过他们真正实现居民自治和"当家做主"。在大力倡导发展社区民间组织、扩大社区基础民主、活跃社区文化、丰富居民业余生活的今天，"社区领袖"无疑将在社区舞台上扮演重要角色。在社区治理中，居民通过共同劳动、共同活动，形塑新的共同关系。因为只有伴随共同关系的形成、发展和持续，成员所渴求的存在感、认同感、归属感和安全感才能得到满足，社区家园建设和居民的自我组织化才能呼之欲出。居民真正参与社区活动和社区建设，才能形成一种新的共同体家园。由此，社区治理的根本目的才能真正达成。

四、结论与讨论

政府、市场和社会的关系是创新社区治理机制的一个核心议题。政府的宏观调控机制、市场的资源配置机制和社会的利益关系协调机制，是现代社会运行的三种基础机制。创新社区治理机制，就是要适应社会主义民主政治和市场经济的需要，建立起一套新的社会运行的体制机制。在具体实践中，社区治理共同体模式既不是一种社区管理、社区自治的分散式治理，也不是单位制管理，而是一种以社会再组织化为核心的新社区治理模式。这种新的治理模式在善治的价值导向之下，以社会的再组织化为逻辑进行实践，整合、协调思想之后形成了一种整体性参与的中国式治理行动。这种中国式治理模式体现出一种国家与社区融合共生的行动理念，而非“极权模式”或“对立模式”。通过上述内容可以看到，整体性社区治理强调直接、具体干预的减少，而非国家力量的完全退出，主张在国家与社会、政府与社会、政府参与社会治理三方面实现合作。

此外，在社区治理共同体的重构过程中，笔者认为有几点值得特别注意：

一是顶层设计的反思。自改革开放以来，我们一直强调以“经济建设为中心”，社会发展严重滞后于经济建设。自从以改善民生为重点的社会建设思想提出之后，社会管理和社会治理创新实践层出不穷。当前，以“经济工作为基础、社会发展为中心、民主法治为保障”的社会建设和社会治理创新实现的可能性与现实性遇到了一些困难和挑战。在这一过程中，政府社会职能转变是社会体制改革与社会建设的制度设计及路径选择的关键。而社会管理创新的格局——“党委领导、政府负责、社会协同、公众参与、法治保障”——的根本在于党的领导。

二是构建“活力社会”。创新社会治理体制要坚持以民生建设为基础。衡量社会体制改革成败的重要标准，就是看是否有利于提高人民日益增长的生活水平和生活质量，是否有利于满足人民日益增长的物质文化需求，是否有利于提高社会的运行效率和管理水平。要通过创新社会治理体制，积极发挥各种社会力量的作用，这不仅要积极培育新的社会组织，更重要的是要实现已有的人民团体的职能转换和社会组织的再造。在这里，社会组织应当是一个宽泛的概念，“除了政府的和市场的，其余的都是社会的”。要形成一切劳动、知识、技术、管理和资本的社会活力竞相迸发，一切创造社会财富的源泉充分涌流的局面。

参考文献

[1] 马克思，恩格斯. 马克思恩格斯选集（第一卷）[M]. 中共中央马克思恩格斯列宁斯大林著作编译局，译. 北京：人民出版社，1972.

[2] [德] 费迪南·滕尼斯. 共同体与社会：纯粹社会学的基本概念[M]. 林荣远，译. 北京：北京大学出版社，2010.

[3] 丁元竹. 滕尼斯的梦想与现实[J]. 读书，2013(2).

[4] 王小章，王志强. 从“社区”到“脱域的共同体”：现代性视野下的社区和社区建设[J]. 学术论坛，2003，26(6).

[5] 肖林."'社区'研究"与"社区研究":近年来我国城市社区研究述评[J].社会学研究,2011,26(4).
[6] 李行,杨帅,温铁军.城市社区治理的再组织化:基于对杭州市社区治理经验的分析[J].中共中央党校学报,2014,18(2).
[7] 李强,葛天任.社区的碎片化:Y市社区建设与城市社会治理的实证研究[J].学术界,2013(12).
[8] 钱宁,田金娜.农村社区建设中的自组织与社会工作的介入[J].山东社会科学,2011(10).
[9] [美]弗朗西斯·福山.大分裂:人类本性与社会秩序的重建[M].刘榜离,王胜利,译.北京:中国社会科学出版社,2002.
[10] 徐永祥.社会的再组织化:现阶段社会管理与社会服务的重要课题[J].教学与研究,2008(1).
[11] 杨君.第二现代性下的风险社会与个体化[J].内蒙古社会科学(汉文版),2013,34(1).
[12] [英]齐格蒙·鲍曼.生活在碎片之中:论后现代道德[M].郁建兴,等译.上海:学林出版社,2002.
[13] [法]埃米尔·涂尔干.社会分工论[M].渠东,译.2版.北京:生活·读书·新知三联书店,2013.
[14] [法]托克维尔.论美国的民主[M].董果良,译.北京:商务印书馆,1989.
[15] 李培林.社区治理成为一个核心议题[J].哈尔滨:哈尔滨工业大学学报(社会科学版),2013,15(6).
[16] 顾朝曦.释放改革红利 激发社会活力 促进社会组织健康有序发展:学习贯彻落实《关于政府向社会力量购买服务的指导意见》[J].中国民政,2013(10).

“社区制”治理范式何以可能：基于社会理性的视角[①]

闵 兢 徐永祥

“社区制”治理范式是对“单位制”和“街居制”的一种超越，也是社会治理理念进步和社会体制创新的必然要求。“社区制”治理范式的本质特征是“多元、共治”，而社会理性包含着以“合作”为主旨的“公共性”和以“自主”为要义的“主体性”双重取向，与“社区制”的价值目标具有内在的恰适性。社会理性的实践逻辑是一种自下而上的进路，其落脚点在于主体利益最大化的实现，而其实现脉络则需沿承追求公共利益的路径。“利益回馈机制”“规则制约机制”和“成本分摊机制”是实现社会理性的重要手段。

一、问题的提出

城市基层治理作为国家治理体系的基础，在社会治理体制改革和国家治理能力现代化建设中发挥着重要作用。自1949年中华

① 本文曾发表于《学习与实践》2018年第11期，此次收录略有修改。

人民共和国成立以来，城市基层治理体制经历了从“单位制”到“街居制”再到“社区制”的变迁。城市基层治理范式的转变是一个复杂的嬗变过程，是在经济转轨和社会转型的双向推动下，由国家、科层组织和社会的行为逻辑在制度环境的约束下共同塑造的制度变迁结果。[1]尽管众多学者围绕这一范式转变的历史背景与结构性因素发出了不同的声音，但“社区制”治理范式转向的应然性几乎已成为学界共识。相对于对这一治理范式的合法性及合理性基础进行多视角、跨学科的论证，笔者认为，在当下语境下，对其深层机理和实践逻辑进行探索，亦即对“‘社区制’治理范式何以可能”这一问题进行讨论会更有意义。

20世纪末，在国家政策的推动下，全国各地出现了社区建设的热潮，城市基层治理也先后探索出以“沈阳模式”为代表的社区自治型模式、以“上海模式”为代表的政府主导型模式和以“江汉模式”为代表的合作型模式。鲜活的实践图景为理论探索提供了生动的研究素材，学者们颇具洞见地对“社区制”治理范式中存在的困境、原因及出路进行了较为深刻的思考。较具代表性的观点如郑杭生、黄家亮认为，我国的社区治理模式普遍面临着“居委会困境”和“共同体困境”，要突破这双重困境，必须按照复合治理和参与式治理的理念，构建多元主体合作的社区治理结构和开放多元的社区自治体系。[2]郑建君认为，价值性、机制性和发展性是“社区制”治理的三大难题，其原因在于行政力量过度干预、自治组织功能弱化和社会力量有效介入不足，加强公共参与和推进社会自治的制度化是其破解之道。[3]尽管对“社区制”治理范式的研究已有不少成果，但多数研究仍是以案例分析的方式从制度实践层面进行经验性反思，且呈现出较为显著的“问题取向”，缺乏对其价值内核进行深入分析的宏观视野和理论高度。本文尝试引入社会理性视角，从中国城市社会变革的历史叙事出发，对“社区制”这一治理范式得以实现的深层机理及实践逻辑进行理论阐释与进路探索。

二、社会治理范式转换的理性基础再审视

从古希腊时期开始，“理性”就一直是哲学家们思考的核心问题之一。总体而言，人们对于理性存在两种解读视角：一种是以柏拉图和黑格尔为代表的本体论视角，即将理性视为世界的本源；另一种是以苏格拉底为代表的认识论与人性论视角，本文所说的理性更倾向于对这一视角的解读，即认为理性是一种人所特有的能力和本性，这种能力和本性表现为人在活动中的理智的判断、独立的思考和自由自主的选择。[4]保罗·迪森在其《社会中的理性：五种决策类型及其社会条件》一书中区分了五种理性类型——技术理性、经济理性、社会理性、法律理性和政治理性，并从功能和价值两个层面对五种理性类型进行了进一步阐释。从功能的角度，他将理性界定为秩序（order）：技术理性是生产的秩序，经济理性是价值衡量和比较的秩序，社会理性是相互依赖的秩序，法律理性是适用性的秩序，政治理性是讨论和决策的秩序。从价值的角度，技术理性的价值是效用，经济理性的价值是效率，社会理性的价值是整合，法律理性的价值是公正，政治理性的价值是明智。在不同的活动中，主体将秉持某一种或某几种理性类型；在不同的场域中，某一种或某几种理性类型会占据主导地位。为了保证分析的简明性和深入性，本文试图对迪森的理性类型界定进行简约化处理，结合中国社会城市基层治理的独特语境与社会治理体制的变迁，重

点分析在不同的历史阶段和治理体制下，经济理性、社会理性和政治理性力量之间的张力与消长。

第一阶段："单位制"为主，"街居制"为辅的城市基层管理体系（1949 年—1978 年）。中华人民共和国成立后，为了尽快结束混乱状态，恢复社会秩序，实现有效的社会管理和社会整合，国家在城市基层社会逐步建立了以"单位制"为主线、以"街居制"为辅线的纵向管理体制。单位制沿承"国家—单位—个人"的路线，通过对工作场所的管理，将单位内的个人及其家庭全面覆盖至社会管理网络中，而单位外的人群则由"国家—街居—个人"这一辅线涵盖于中。这一社会管理体制一直持续至改革开放前。这种社会管理体制一方面保证了经济发展所必需的强力资源配置机制与社会动员机制的有效运行，另一方面也高效地实现了对城市居民的管理和对城市社区的整合。在这一历史阶段，社会管理体制的功能指向非常明确，重在巩固国家政权、维护社会稳定，政治理性毋庸置疑地占据了主导性理性地位，权威与秩序是其主要的价值目标。与此同时，单位制在集中调配国家资源、推进现代化建设、奠定工业化体系基础等经济发展领域中也发挥了重要作用，以效率与效用为价值目标的经济理性也在这一阶段的理性结构中占有一席之地。由于单位制具有政治、经济与社会三位一体的功能，而国家是唯一的资源掌控者与管理主体，社会内生力量不足，社会理性也较为缺失。

第二阶段："街居制"为主，"社区制"为辅的城市基层管理体系（1978 年—1998 年）。改革开放以来，我国的所有制结构发生了巨大变化，集中封闭的计划经济体制被社会主义市场经济体制逐渐替代，社会流动加快，"单位制"日益失去了其生存土壤，面临消解之势。1980年，全国人大重新颁布实施《城市街道办事处组织条例》和《城市居民委员会组织条例》，依托街道办事处和居民委员会这两个行政建制实行社会管理的“街居制”逐步确立了其主体地位。尽管从制度文本的设定来看，街居组织是以“居民”为主要对象和执行主体的基层组织，其职能核心在于公共服务与居民自治，但在现实实践上却呈现出显著的行政化样态。在以往“单位制”属地管理的思维惯性下，街居组织成为单位转移职能的承接主体，承担了大量行政功能，再加上“知青返城”带来的就业压力，多数街道开始创办经济实体来安置劳动力，从而承担起经济功能。而居民“自我管理、自我教育、自我服务”的自治功能仍然仅停留在政策文本中。因此，在这一阶段的理性序列中，以权威与秩序为价值目标的政治理性仍然占据主导地位，以效率与效用为价值目标的经济理性次之，以自主和合作为价值目标的社会理性尚处于萌芽状态。

第三阶段：“社区制”为主，“街居制”为辅的城市基层管理体系（1998年至今）。20世纪90年代中后期以来，伴随着城市化的快速推进和市场经济的迅猛发展，中国城市社会的流动性与异质性呈几何状增强。单位制几近解体，大量“单位人”转变为“社会人”“社区人”，原先的街居组织在承接社会管理与社会整合功能上愈发力不从心。与此同时，与经济的市场化相应，原先被行政挤压的社会力量开始迅速发育，人的自主发展意识和全面发展需求日益凸显。出于对社会结构变迁与社会需求转变的回应，国家在顶层设计与政策制定上也及时做出了调整。1998年，国务院确定设立基层政权和社区建设司，2000年，中共中央办公厅、国务院办公厅转发了《民政部关于在全国推进城市社区建设的意见》，标志着社区建设的正式开展与全面推进，以“社区制”为主、“街居制”为辅的社会管理体制初显雏形。2013 年,中共十八届三中全会通过的《中共中央关于全面深化改革若干重大问题的决定》指出:“全面深化改革的总目标是完善和发展中国特色社会主义制度,推进国家治理体系和治理能力现代化。”这是党的正式文件中第一次提出“社会治理”概念,相较于“社会管理”,“社会治理”更为强调多元的分散主体达成多边互动的合作网络,这也标志着以“多元主体,合作共治”为主要特征的“社区制”治理范式的正式确立。2017 年,党的十九大报告提出“加强社区治理体系建设,推动社会治理重心向基层下移”,更是从顶层设计的层面正式确立了社区在基层治理中的主体性地位,也拉开了“社区制”治理范式全面展开和深入实践的序幕。在这一尚处于动态运行阶段的城市基层治理的理性结构中,经济理性日益隐匿,政治理性虽依然存在,但其主导力量却逐步式微,社会理性力量逐步凸显。从政治理性层面来看,“社区制”旨在实现基层政权的重建并巩固其权威合法性;从社会理性层面看,“社区制”旨在走向多元主体合作共治,重构基层社会。

简而言之,如表 2 所示,从理想类型的角度可将城市基层治理范式转换的理性基础做出如下建构。

表 2　城市基层治理范式转换的理性基础

历史阶段	城市基层治理范式	理性基础
1949 年—1978 年	“单位制”为主,“街居制”为辅	政治理性主导,经济理性为辅,社会理性缺失
1978 年—1998 年	“街居制”为主,“社区制”为辅	政治理性主导,经济理性为辅,社会理性薄弱
1998 年至今	“社区制”为主,“街居制”为辅	经济理性日益隐匿,政治理性逐步式微,社会理性逐步凸显

三、越界还是融合:“社区制”治理范式中理性关系之困

从历史叙事的视角纵观不同阶段城市基层治理范式的理性基础,不难发现,理性并非如同柏拉图所言是“一成不变和完美无缺”的,而是随着社会环境的变化和主体间性的转换不断变化发展。正如前文所述,本文倾向于从认识论与人性论视角,将理性界定为一种人在社会活动中所特有的判断、思考和选择,是在实践中为了实现特定的目标而形成的思考和处理问题的倾向。进而言之,政治理性是一种为了政治目标的实现而形成的思考和处理问题的倾向,其价值目标在于维护权威与秩序,实施的主体为国家,达成目标的主要手段是建立相对稳定的权力结构和制度;经济理性是一种为了经济目标的实现而形成的思考和处理问题的倾向,其价值目标在于保障效率与效用,实施的主体为市场,达成目标的主要手段是实现资源的有效配置;社会理性是一种为了社会目标的实现而形成的思考和处理问题的倾向,其价值目标在于促成自主与合作,实施的主体为社会,达成目标的主要手段是实现社会团结和社会整合。

表3是参照马克斯·韦伯的方法论工具对三种理性做出的一种理想类型的建构。

表3 政治理性、经济理性与社会理性的区别

理性类型	价值目标	实施主体	达成目标的手段
政治理性	维护权威与秩序	国家	建立相对稳定的权力结构和制度
经济理性	保障效率与效用	市场	实现资源的有效配置
社会理性	促成自主与合作	社会	实现社会团结和社会整合

按照韦伯的界定，理想类型是研究者为研究社会和解释现实而发展出的一种概念工具，是一个主观思维建构，具有逻辑上的一致性，但在现实中并不存在。它是价值中立的，通过社会现象与理想类型的比较来观察两者之间的差距。因此，对三种理性的区分与现实语境并不能全然吻合。以政治理性为例，其价值目标并不局限于维护权威与秩序，公正与平等、效率与公平等同样蕴含其中；国家也并非其唯一实施主体，一些社会团体和民间组织也包括在内；为了实现政治目标，运用的手段既包括建立相对稳定的权力结构和制度，也包括社会动员机制的运行与策略性行动的实施等。也就是说，在实然情境中，无论是在价值目标、实施主体还是在其目标达成手段上，每一种理性类型并不存在泾渭分明的边界，在社会行动中都表现出模糊的“实践逻辑”（布迪厄）。

以“理性”为透镜来看，当代治理范式的转换实质上是政治理性、经济理性和社会理性三种类型不断分离、重组和融合的过程。改革开放前的中国社会是一个高度政治化的社会，政治理性不仅在政治领域中占据了绝对主导地位，在经济领域和社会领域中也同样如此。改革开放以后，政治领域与经济领域和社会领域逐渐分离，“以经济建设为中心”的政策转向使得经济理性的地位迅速提升，成为与政治理性并驾齐驱的主导性力量。随着市场化的深入推进，市场经济体制的弊端日益显现，从“以经济建设为中心”转向“以经济建设为基础、以社会建设为中心”的社会发展逻辑愈发彰显出其合理性，“共建共享共治”的社会治理格局的建构和“社区制”治理范式的确立孕育了社会理性的蓬勃生命力，并对社会领域中经济理性的主导地位发出了抵制和冲击。因此，不管是从社会发展的趋势来看，还是从理性的归置和回位来看，确定社会理性在

“社区制”治理范式中的主导地位既是必然之势，也是应然之义。

“社区制”治理范式是对“单位制”和“街居制”的一种超越，也是社会治理理念进步和社会体制创新的必然要求。虽然学界目前尚未形成一个统一的关于“社区制”内涵的权威界定，但其主要特征却已得到了普遍认可。与以往的治理范式相比，“社区制”治理范式的主要特征有：在主体上从一元走向多元，在主导力量上从政府走向民间，在管理格局上从行政单中心走向官民协作，在权力运行上从自上而下走向自上而下与自下而上相结合。质言之，“社区制”治理范式的本质特征可用四个字来概括——多元、共治。这就意味着支持这一范式的理性基础必然是以自主与合作为价值目标的社会理性，而在以往“单位制”和“街居制”中占据绝对主导地位的政治理性应随着治理理念的进步和治理范式的转换逐步退居次席。从抽象的“宏大叙事”话语体系转向具体的“微观领域”的治理实践中可以发现，围绕“社区制”的推进，全国各地都掀起了城市基层社区治理模式和运行机制创新的浪潮。目前最具典型化和模式化意义的当属诸多社区采取的“一核多元”即“1+3+N”的社区治理模式：“1”代表社区综合党委；“3”代表社区居委会、业主委员会和物业公司（所谓“三驾马车”）；“N”代表各类社区社会组织和企事业单位。具体而言，所谓“一核多元”，就是以社区综合党委为核心，以“三驾马车”为依托，各类社区社会组织和辖区内企事业单位等多元主体共同参与、互相配合、共建共治共享的城市社区治理结构。由此可见，在这样一种实践模式中，经济理性的色彩已被大大削弱，社区综合党委核心位置的确立散发出明显的政治理性色彩，并与“多元共治”所彰显的社会理性交汇融合，共同构成“社区制”治理范式的理性基础。然而，暂且将在城市基层治理中色彩愈渐淡化的经济理性"悬置"一边，在"社区制"治理范式的真实样态中，政治理性和社会理性的结构体系和序列关系又是如何呢？

综观全国各地的"社区制"治理实践，虽然"一核多元"作为一种新型的治理模式被建构出来，但从其价值目标和权力结构而言，并未发生本质上的转变。"1+3+N"位列次序中的"1"（以社区综合党委为核心）仍是其价值内核，其目标仍在于强化政治权威、稳定公共秩序，只是在实践机制上引入了社会力量和市场力量的协同，其内在旨归是解决管理机制的效率问题，"3"是达鹄功能（goal attainment）的实施主体，"N"只是策应目标的辅助力量。政治理性与社会理性之间并未形成交相辉映的融合，政治理性的边界没有得到应有的限制。不管是在"社区制"治理范式的制度性逻辑层面上，还是在治理实践的过程性逻辑层面上，政治理性对社会理性的隐性影响与显性越位都挤占了社会理性理应占据的主导地位。

四、主体性与公共性的结合："社区制"治理范式中社会理性的本质

我们一再强调"社区制"治理范式中社会理性的主体性地位，是因为社会理性的内涵与"社区制"的价值目标具有内在的恰适性。关于社会理性的内涵，学界至今尚未形成共识。如刘少杰认为，"社会理性既是人们在各种社会活动中的本质能力，也是作用于人们社会活动的基本原则。作为本质能力，社会理性表现为人们在社会活动中的思维能力、自控能力、评价能力；作为基本原则，社会理性表现为认知原则、规范原则、评价原则。三种能力和三种原则在各自的领域结合构成了三种社会理性：理论理性、实践理

性、评价理性”。[5]这种试图将社会理性进行多维度分类的做法看似全面，却难以捕捉到社会理性的本质属性。文军以当代中国农民外出就业的动因为切入点，认为“社会理性最基本的特点就是在追求效益最大化的过程中寻求满足，寻求一个令人满意的或足够好的行动程序，而不是‘经济理性’中的寻求利益的最优”[6]，这种将“满意”和“合理”作为社会理性内在取向的界定无疑是模糊的，缺乏在普遍意义层面上的解释力。徐选国、侯利文、徐永祥从创新社会服务体系出发，提出了“从原先以注重效率、经济理性为核心的工具理性范式向以社会利他、社会规范和集体利益为核心的社会理性范式转换，应成为创新社会服务体系的理论基石”，并将社会理性界定为“个体或集体的行动需要有特定的社会规则、社会规范和社会机制的指引，以社会利他主义为基本原则，在实现个体自我目的的基础上为了更大的集体利益和社会利益而采取行动。”[7]显而易见，这是基于个体理性与工具理性的相反面向而做出的界定，更加强调社会理性的社会朝向性。这一界定较为偏向社会理性中的“公共性”意涵，认为社会理性即“为社会”的理性，因此难免有自上而下的专家主义之嫌。

笔者认为，社会理性的价值目标中不仅包含着以“合作”为主旨的“公共性”取向，也包含着以“自主”为要义的“主体性”取向，社会理性是“主体性”与“公共性”的结合，虽然在徐选国、侯利文、徐永祥的界定中已经暗含了这种结合(“在实现个体自我目的的基础上为了更大的集体利益和社会利益而采取行动”)，但这种“前提说”本身已将“主体利益的实现”与“公共利益的追求”视为相互独立甚至割裂的两个元件，而我们所认为的社会理性是两者的有机融合，即沿着增加公共利益的路径追求主体利益最大化的倾向，这是一种自下而上的进路,其落脚点在于主体利益最大化的实现,而其实现脉络则需沿承追求公共利益的路径。

所谓公共利益路径,是指个体在寻求自身利益最大化的同时也能保障公共利益不受损甚至增加公共利益值。为了阐明这一路径,我们不妨将其与经济学领域的帕累托效率路径和卡尔多-希克斯效率路径做一个比较。如果某一集体中的某一个体的利益最大化时其他个体的利益不变,作为个体利益之和的公共利益也因此增加,这是帕累托效率路径;如果某一集体中的某一个体的利益最大化时其他全部或部分个体的利益受损,抑或导致部分个体受益其他个体受损,但集体中整体受益之和大于受损之和,这是卡尔多-希克斯效率路径。这两种路径都不是公共利益路径,因为它们背后所依据的都是亚当·斯密的经济人理性,即"以最小成本追求最大收益"的个体理性。在集体中个体利益不存在交叉和冲突的情况下,个体理性亦可实现公共利益,但在存在利益交叉或冲突的集体中,只有社会理性才能保障公共利益。

五、社会理性视角下"社区制"治理范式的实践逻辑

为了验证社会理性在社区治理中的应然性和可行性,笔者尝试以在S市主持开展的"城市老旧住宅小区治理"项目中的L社区存在的"停车难"问题为例,对社会理性视角下"社区制"治理范式的实因进行研究。城市老旧住宅小区大多存在车位严重缺乏的问题。L社区现有1 156户,私家车410辆,但社区过去仅有274个车位,难以满足居民的停车需求。为了争夺稀缺资源,很多居民采用了私自设立地锁的方式占车位,在笔者的调研过程中发现,小区里

的地锁共有138个，这无疑是一种典型的个体理性行动。然而，这一行动不仅造成了公共资源浪费和公共安全隐患，也导致了居民之间频繁发生纠纷甚至争斗，也就是说，在社区中个体利益存在交叉和冲突的情况下，个体理性不仅无法保障公共利益，而且最终受损的仍是个体利益。按照社会理性的逻辑勾画出的理想图景应是社区居民在保证自己有车位的同时也不影响他人的车位，甚至创造出更多的停车空间。为了实现这一理想图景，社区需要拆除所有地锁，拓展公共空间并合理规划车位。这就意味着居民需要放弃个体理性，回归社会理性。为了让居民配合社区工作，“三驾马车”——居委会、业主委员会和物业公司——联合启用了实现社会理性的重要机制，即“利益回馈机制”，对每一辆私家车进行登记，并承诺在重新规划后有车位可停。而后聘请专业机构对社区内的道路和绿化重新合理规划，通过改“横停”为“斜停”，扩充车位70余个，并对部分绿化带进行重新调整，新开辟车位30余个。改造工程不仅彻底解决了社区居民的“停车难”问题，而且保障了公共资源得以合理使用，安全隐患得以解除，居民冲突得以消解。也就是说，沿着公共利益的路径实现的社会理性，其最终的落脚点仍在于保障个体的主体利益，因而这是一种在“后现代社会”中更具理性的新理性。

在以往的研究中，不少学者对在单位制解体与市场经济冲刷双重影响下所形成的以强烈的个体意识为表征的“后现代社会”多有批判之辞，并天然地将个体意识、个体理性、个体利益视为当下社区治理中的“共同体困境”的祸首。有学者甚至认为个体利益的实现才是社会理性得以生成的出发点和落脚点。笔者对此持不同意见。在“社区制”治理范式的话语体系中，过于强调其作为稳定的控制机制从而实现管理、控制、整合的功能导致人们忽略了“社区”这一共同体在本质上对主体需求和个体利益的满足功能。因此，在开展具体实践的过程中，政府行动多于社会行动、社区参与严重不足、社会主要群体不在场等集体行动的困境屡见不鲜。实际上，从权力与空间的关系来看，居民较长时间生活在同一社区之中有助于形成稳定的社会网络与共同利益，也有利于形塑自身社会认同的空间条件，从而可为公共利益最大化提供空间领域与心理层面的可能性。

诚然，相对于个体理性而言，社会理性的实现并不是自然进化的结果，而是被“生产”出来的。尤其是在存在多元主体、强调集体行动的“社区制”治理范式中，如何走出个体理性所引发的“搭便车”逻辑和“囚徒的困境”，培育“主体性”与“公共性”共融的社会理性，将成为后单位制时代“社区制”治理范式得以成为可能的关键密码。具体到社区治理实践过程中，除了前文所提到的“利益回馈机制”十分重要以外（同时需要澄清的是，这里的“利益”并不只是经济层面中的利润和效益，它还包括政治层面、社会层面、精神层面等众多内容），“规则制约机制”和“成本分摊机制”也是生成社会理性的重要手段。所谓“规则制约机制”，是指不管是个体利益的主体还是公共利益的主体，都需要遵守同样的规则，违反规则、违背承诺的任何一方都会受到惩罚，这一机制确立了标准的同一性，从而保证了主体选择的确定性与安全感；如若有部分人为了实现个体利益而损害他人或集体的利益，由此引发的后果则不得不由所有个体共同承担，笔者将其界定为“成本分摊机制”，这一机制的实行有助于通过“共同体”的力量推动个体的转变，从长远来看，也有助于突破社区参与等集体行动的困境。

马克思所说的"在真正的共同体的条件下，各个人在自己的联合中并通过这种联合获得自己的自由"[8]是以主体利益的实现为目标的。培育"主体性"与"公共性"相结合的社会理性，是当今"社区制"治理范式得以成为可能的深层机理。而更广泛的实证研究则需要学界扎根当前鲜活的社区治理场域，以探索新时代中国社区治理的独特路径。

参考文献

[1] 牟春雪，张存达，蔡小慎. 多重逻辑下城市基层治理制度变迁分析[J]. 学习与实践，2017(12).

[2] 郑杭生，黄家亮. 论我国社区治理的双重困境与创新之维：基于北京市社区管理体制改革实践的分析[J]. 东岳论丛，2012，33(1).

[3] 郑建君. 公共参与：社区治理与社会自治的制度化：基于深圳市南山区"一核多元"社区治理实践的分析[J]. 学习与探索，2015(3).

[4] 刘中起. 理性主义的范式转换及其当代价值：哈贝马斯交往行为理论研究[M]. 上海：上海人民出版社，2013.

[5] 刘少杰. 社会理性刍议[J]. 吉林大学社会科学学报，1992，32(2).

[6] 文军. 从生存理性到社会理性选择：当代中国农民外出就业动因的社会学分析[J]. 社会学研究，2001，16(6).

[7] 徐选国，侯利文，徐永祥. 社会理性与新社会服务体系建构[J]. 中州学刊，2017(1).

[8] 韦建桦. 马克思恩格斯文集-5-资本论(第一卷)[M]. 中共中央马克思恩格斯列宁斯大林著作编译局，译. 北京：人民出版社，2009.

社会理性与新社会服务体系建构[①]

徐选国　侯利文　徐永祥

在社会结构日益碎片化、原子化，社会阶层结构固化以及社会风险凸显的时代背景下，作为一项与现代公民生活密切相关的政策实践，当前我国社会服务生产和供给面临着诸多困境与挑战。社会需求的凸显以及党和政府在治国理政方面的理念与政策的转型，要求传统的社会服务体制必须做出积极的改变。在新的历史时期，有必要思考社会结构转型和社会价值观念变迁对社会福利制度以及大众福利观念的影响，揭示当前社会服务实践面临的困境，并进一步探讨社会发展对创新社会服务体系的内在需求。同时，社会服务应该坚持怎样的理论视角，才能突破和超越现有的困境与局限？如何进一步建构本土化的新社会服务体系，以回应社会服务体系所面临的挑战？本文将围绕上述问题展开深入的探讨。

一、传统社会服务体系面临的多重挑战与实践困境

在新的历史时期，作为社会制度设置和社会发展的产物，我国

---

① 本文曾发表于《中州学刊》2017 年第 1 期，此次收录略有修改。

的社会服务体系未能获得有效的福利制度支持。在碎片化凸显、整合性不足的社会福利制度下,在社会发展中出现的新趋势与新风险面前,我国的社会服务发展面临着严峻挑战和实践困境。

（一）社会服务实践面临的多重挑战

第一,单位制解体带来个体困扰与公共制度之间的连接通道不畅。单位制在我国总体性社会时期发挥着政府公共服务和社会保障的重要职能。党的十一届三中全会以来,随着市场化体制的确立与推广,我国原有的“国家—单位—个人”的社会结构发生根本性变革,单位社会不断走向终结,附着在单位中的个人变成了“个体人”。在这种背景下,个体因社会中间力量(社区和社会组织)的长期缺失而缺乏有效的社会联结纽带,以往由单位组织承载的社会公共职能也发生了严重萎缩,进而导致公共精神的衰落。这些均使得个体难以有效与国家公共制度形成勾连[1],从而导致一系列社会服务需求存在回应上的“真空”。

第二,市场化推进导致功利主义对社会的全面渗透。以经济发展为导向的市场化进程,在鼓励社会大众创造尽可能多的物质财富的同时,也将市场的经济理性、功利主义等思想渗透到个体之中。功利主义、利己主义的价值取向销蚀了原有的社会信任体系,进而使建立在其基础上的社会福利服务传送体系处于断裂之中。

第三,全球化浪潮促使多元主义盛行。全球化已成为一种不可逆转的趋势,成为影响各国福利体系建设的重要因素。在全球化进程中,多元文化要素、信息资源、意识形态观念等不断注入不同国家和地区的人们的思想与生活之中,它们对社会服务观念的确立以及福利服务体系的构建产生了深刻影响。

第四,信息化扩张衍生新的社会不平等。人类社会已经进入信息化社会，网络信息技术的连接性、聚集性和非正式性等功能正在从根本上改变人们的生活，同时也再生产着一系列新的不平等，亟须社会服务体系以开放包容的姿态改变这种现象。

此外，我国社会经济结构也发生着重大转型，特别是经济发展正处于新常态阶段，对于因经济增长减缓或停滞而出现的社会服务“真空”，也需要积极构建新的社会政策来加以应对。[2]

（二）当代社会服务体系的实践困境

在新社会趋势与新社会风险背景下，有必要对传统社会服务的实践限度重新进行检视。

第一，社会服务体系的补缺性。长期以来，我国的社会服务被纳入社会保障体系之中。在目前“大社会保障、小社会福利”的体制格局下，社会服务更多地被视为与狭义社会福利相关的内容。这种“重保险、轻服务”及明显的“工作福利”导向，使当前的社会服务制度具有明显的补缺性，处于边缘化位置。

第二，社会服务递送的分化性。在市场化改革进程中，社会政策长期缺位。既有的社会政策将公共服务、社会服务责任交给地方政府，加之中央层面缺乏对社会服务的整合与统筹，导致目前社会服务体系在中央与地方之间、区域之间以及不同群体之间严重分化。同时，长期以来，社会福利服务主要面向经济发展目标，这也导致了经济建设与社会发展产生分化。

第三，社会服务制度体系的碎片性。由于特定的体制因素，我国的社会政策实践长期存在社会保障与社会福利之争，即应该坚持中国特色的“大社会保障”还是应该坚持与国际通则相一致的“大社会福利”？[3]“社会保障派”强调社会保障在社会稳定和谐中的工具理性作用；“社会福利派”则注重为各类社会群体提供普惠性社会福利制度。这种争论反映在实践中表现为现有的社会服务体系的碎片化：一方面，部分地区尝试为社区大众建立系统的社区服务体系；另一方面，政府、社会组织之间的资源、权力不对等，其结果是社会服务的成效十分有限。因此，要构建积极的社会政策话语体系，从社会政策的视角来思考如何增进人民福祉。

二、新社会服务体系的内涵重构、理论基石及多重特征

社会结构的转型与风险的集聚无疑对反思和创新传统社会服务体系提供了内在动因。同时，社会服务所处的政策环境、实践限度构成了构建新社会服务体系的逻辑起点。基于此，重新厘清社会服务体系的内涵，并寻找适合当代中国语境的恰适性理论视角，是实现社会服务体制和体系创新的根本前提，是实现社会领域内社会体制改革与社会治理创新的重要实践。

（一）内在价值及实践向度：新社会服务体系内涵重构的两个维度

社会服务（Social Service）是现代工业社会的制度性产物。在经济发展到一定阶段时，社会服务普遍成为国家应对社会需求、化解社会矛盾、解决社会问题、维护社会稳定、确保社会公平正义、推进现代化进程的内在要求。尽管如此，社会服务的内涵在国内外学界尚未达成共识，各种概念之间表现出明显的张力。

有学者尝试从国内外争论中梳理出社会服务的一般性解释维度：一是针对弱势群体需求而采取的干预及公共援助服务；二是社会福利、公共服务或社会工作，进而将社会服务视为一种社会政策。[4]这一概念体现了社会服务的救助性、补缺性和服务性特征。

另有学者指出，去商品化、利他和福利性是社会服务概念的关键表达。[5]还有学者尝试从政府购买服务的制度实践与机制创新方面阐释新社会服务体系的内涵。[6]上述界定对我们思考当前社会服务内涵及其创新具有重要启示，但是这些内涵界定仍然具有抽象性、模糊性和宽泛性，更多地从社会服务的内容、形式及功能等方面加以阐释，忽视了对社会服务本质的内在规定。

笔者认为，社会服务的核心意蕴还需从社会服务的内在价值取向及实践向度进行阐释。从国际经验来看，社会服务的价值取向主要是坚持公平正义和非营利性原则，追求一种社会秩序与社会整合目标；社会服务的实践向度主要包括社会服务理念、主体、客体、内容、性质和手段。随着社会环境和社会价值观念的变迁，社会服务的内涵与外延也不断受到挑战，社会服务的内涵、实践与社会理论、社会发展需求之间存在明显的失衡。因此，社会服务的内涵亟待得到进一步扩展和深化。基于此，所谓新社会服务，是指在社会理性的价值理念指导下，由受过专业教育或训练的社会工作人才队伍，依托于各类具有非营利性和专业性的新社会组织，以社区为平台，通过对各类资源（政府公共资源和社会资源）的整合，向一般性社会成员传递的专业性、非营利性和个性化的社会服务，以促进其更好地发挥社会功能，实现社会福祉。

在全面深化改革的背景下，探索和构建新型社会服务体系已成为创新社会治理与加强基层建设的重要命题。所谓新社会服务体系，是指由新型社会政策（理念、规则）、新社会组织（行动者）和新社会服务（内容）构成的完整体系。其中，社会政策应该进一步体现社会理性的原则和目标，以形成指导社会组织进行社会福利服务生产和传递的重要依据。新社会组织是构建和实现新社会服务体系的重要抓手和组织化行动者,应从生存理性向社会理性演进,以更好地履行社会使命、发挥社会功能,应逐渐摆脱现有的组织能力弱、依附性有余而自主性不强等弱点,更好地形成一种政社分工与合作治理的格局,这也是我国社会组织健康发展的根本逻辑。新社会服务是构成新型社会服务体系的内在要求和实质内容,其内涵也应随着社会需求的变化而有新的扩展,因而强调通过重建社会关系来回应碎片化、去组织化、去支持化时代背景下的社会大众需求,是新社会服务的内在特质和应有之义。

(二)从工具理性转向社会理性:新社会服务体系的理论基石

"理性"一词本身是一个复杂的哲学概念,为了较好地阐释现代资本主义的起源,马克斯·韦伯提出了"理性化"一词,揭示了新教伦理与资本主义精神之间的因果机制。[7]在社会学领域,学术界也正是基于韦伯有关社会行动的理性化理想类型,对各类社会主体的行为依据和行动策略进行了分析。其中,较为关键的理性行动是手段—目的理性行为(也称工具理性行为)和价值理性行为:前者指的是把外界对象及他人行为作为达到目的的手段,并使之成为社会行动发展的方向;后者指的是为了某种绝对价值或社会信仰(真、善、美)而采取的行动,这种价值观或者信仰成为行动者的义务进而对其产生了"约束力"。我们在此借助韦伯的工具理性、价值理性思想,尝试对我国的社会服务政策及其实践进行理论上的分析。

在推进市场化的过程中,单位制的解体使得个体逐渐从单位中脱离出来,成为一个个散落在社区中的个体,这种个体化、原子化现状使得社会服务从原先的政府母体中脱离出来并通过独立的政策体系和组织渠道来服务大众。基于此,自20世纪90年代以来,国家逐渐出台了一系列旨在回应自市场化以来出现的社会问题的政策体系,这成为促进社会保护的重要机制。[8]结合当代中国和谐社会建设的宏观脉络,这一历史阶段的社会保障与社会服务政策及实践,更多的是为经济发展保驾护航而采取的目的合理性行动,也就是韦伯所说的"工具理性"行动。我们认为,改革开放30多年来,以经济建设为中心的经济政策占据主导地位,导致社会建设严重滞后,保障社会建设的社会政策体系也因此残缺不全。这种工具理性行动带来了明显的弊端:在和谐稳定话语下强调社会服务的管理特征;在物质贫困现象仍然存在的背景下强调消极性物质救助;在户籍制度的限制下形成了社会福利服务的区隔化等。

基于长期以工具理性为价值导向的社会服务政策及其实践存在的诸多问题,笔者认为,今后的社会服务政策和实践应该以社会理性为理论基石。社会理性在一定程度上吸收了韦伯的价值理性思想,但它不仅强调某种价值观或者信仰对于行动主体的制约作用,还更加强调行为主体在特定价值观基础上能够形成的对社会有利的行动实践。它区别于以效率和利益最大化为核心的经济理性以及以权力、权威为核心的政治理性。具体而言,社会理性是指个体或集体的行动需要有特定的社会规则、社会规范和社会机制的指引,以社会利他主义为基本原则,在实现个体自我目的的基础上为了更大的集体利益和社会利益而采取行动。质言之,社会理性是指"为社会"的理性,在当前和谐社会建设进程中,应该从以经济建设为中心(社会建设长期缺位)的体制设置转向以经济建设为基础、以社会建设为中心的社会发展逻辑,以彰显社会经济发展的社会性而非经济性目的。将社会理性引入新社会服务体系分析之中,是指在一系列新型社会政策价值的指引以及政社分工与协作机制的指导下,政府更好地发挥在资源供给、制度保障等方面的主导性功能,社会组织及其工作队伍通过社会合作、关系整合等,在社会服务领域内发挥基础性、决定性作用,以实现社会福祉。

(三)内在品性与目标旨归:社会理性视阈下新社会服务体系的多重特征

社会服务体系是一个复杂的系统,它不仅包括一套新型的社会政策体系和多主体相结合的行动系统,而且还包括社会服务体系的最终目标所指,即以建设一种什么样的社会为落脚点。在社会理性的理论指导下,新社会服务体系具有以下特征:

第一,包容性和社会保护性。前者指的是要将原先具有排斥性、补缺性的社会政策转向一种更具包容性精神的新社会政策上来,让所有人能够共享社会经济发展成果。后者指的是在当前全球化风险社会时代,为脆弱性特征明显的个体和群体搭建安全的社会保护网,以从整体上建构一种能有效回应社会大众需求的社会保护机制。

第二,专业性、非营利性和人本性。新社会服务区别于政府公共服务和市场化营利服务,它指的是为社会大众提供的非政府性、非营利性服务,这些服务是由专门的社会组织和专业人才队伍提供的,体现其以人为本的核心理念和专业性特质。笔者将这样的社会组织称为"新社会组织",它既不同于官办非政府组织(GONGO),也不同于社区文化娱乐团体,更不同于以经济理性为导向的各种市场性组织,而是追求社会理性、注重社会利他、向社会提供非营利性社会服务的独立法人团体。新社会组织的内涵与外延并不等同于政府组织和市场组织以外的所有社会组织,因为社会组织的复杂性导致目前所运用的社会组织概念具有笼统性和含混性。非营利性、社会性、人本性等特征决定了新社会组织与社会弱势群体之间的亲近性。

第三,社会性和服务性。这里所谓的社会性和服务性是从党和政府的角度来分析的,即在新社会服务政策和实践中,应强调党的社会性和政府的服务性特征。应坚持党委的核心引领作用,引领社会服务朝着有利于社会发展进步的方向前进,党组织的行动逻辑应是回归社会属性的组织建设实践。同时,应坚持政府在资源供给、配置和监管方面的主导作用,这里并非强调政府的“大管家”角色,而是强调在坚持政社分开与合作的基础上形成以服务社会大众为核心的服务型政府。因此,党的社会性引领和政府的服务型治理是建构新社会服务体系的重要条件。

第四,社区性和公共性。社会服务最终要落到社区空间中,这就要求社会服务实践坚持“以社区为本位”的逻辑取向,追求以社区需求为核心的服务品质,构建符合不同社区实际和需求的专业化服务体系。这种专业化服务体系彰显社会服务体系的公共性特征,即旨在回应社区需求、促进社区参与、加强社区基层民主建设,进而塑造社区公共精神和公共凝聚力。

三、社会理性视角下新社会服务体系的本土路径建构

社会环境及社会价值观念等要素的变迁,客观上对现行社会服务实践和体制产生了明显的双向形塑:一方面,对原有的社会服务体系造成了巨大挑战;另一方面,又不断要求适应社会变迁和发展需求的新社会服务体系尽快生成。结合当前社会结构转型对我

国传统社会服务体系带来的挑战及其由此产生的实践限制，应坚持社会理性的理论指引，从创新社会政策体系、加强新社会组织发展以及重构社会服务本质三个方面，构建适合新时期我国社会结构发展脉络的本土化社会服务体系。

（一）促进社会政策范式转换，探索形成社会理性指引下的普惠型社会服务政策

社会发展与社会建设的理念及目标最终都要由具体的社会政策来实现。不断推进社会政策理念和体系创新，是我国社会建设与社会治理创新的根本保障，也是构建新社会服务体系的根本前提。在全面深化改革与和谐社会建设进程中，社会政策创新意义重大，它既是保障市场经济成功运行的基本条件之一，也是促进和谐社会建设的主要治理工具，更是检验政府绩效的关键指标。

正是急剧变迁的社会结构以及随之而来的各种社会风险因素，成为社会政策不断创新和转型的原动力。为有效回应社会转型和社会发展对社会服务的需求，进行社会政策创新，就必须坚持以人为本的价值理念，这应成为社会政策创新的根本前提。在"国家—市场关系"范式和科学发展观、创新社会治理等重大战略举措的影响下，国家主导型社会政策已初步形成，这种社会政策强调国家在社会福利方面的基本职责，同时借助市场机制的作用，注重发挥社会、社区、家庭乃至个人的力量，以实现国民社会福利的最大化。[9]这与国际经验具有相似性。[10]从个体化社会视角来看，传统的社会政策对社会需求的回应存在失灵现象，一种具有包容性导向的社会政策亟待出台。

在新的历史时期，社会政策应该坚持社会理性的价值取向，使其成为社会政策、社会保障和社会福利的基石。这种社会理性强

调形成政府、市场、社会组织、社区、家庭等主体在社会政策实践中合作治理与公共参与的机制,尤其强调国家在社会福利政策中的主导性力量。坚持以人为本、发展型导向、包容性和“为社会”等理念,应成为我国社会政策转型与创新的主要原则。在由传统社会向现代社会转型以及新旧社会风险并存的现代中国,只有切实关注社会环境与人们现实生活的变迁,才有可能真正构建符合现实的新社会政策体系。而要迈向新的社会政策时代,必须实现社会政策范式的创新与转移。从剩余救助型社会政策到适度普惠型社会政策,再到社会理性指导下的普惠型社会政策范式转移,应成为当前及未来社会政策实践的根本逻辑。

（二）加强新社会组织发展,构建社会理性原则下的现代社会组织体制和体系

在单位制式微、社会中介组织运行机制尚未完全建立之际,培育和发展新社会组织是推进社会建设和社会治理创新的重要组织化载体。新社会组织作为社会福利服务生产与传递的重要主体,是社会体制改革与社会治理创新的有机组成部分。其强调政社关系从依附向分工协作转变,强调民间性、自治性、公益性、非营利性,注重职业化与专业化、专业服务的普遍化与个性化相结合。[11]新社会组织已成为促进现代社会建设和社会发展的柔性力量,创新现代社会组织发展机制成为新社会服务体系的有机组成部分。

从国际经验来看,新社会组织的健康发展是化解社会矛盾、整合社会资源、维护社会秩序、实现社会和谐的重要机制与必要条件。在我国社会发展实践中,新社会组织是社会保障、社会治理和社会服务的重要组成部分,是社会治理体制改革、政府职能转变与和谐社会建设的重要载体。然而,当前我国社会组织发展仍然面

临着一系列的困境和挑战，以市场发展为取向的经济体制改革可以为政府带来巨大收益，其体现的是经济理性，而以社会理性为取向的社会改革和社会建设则需要政府让渡部分权力、空间，并需要加大社会投入。因此，政府在新社会组织以及社会事业发展方面常常缺乏内在的动力。当前我国社会组织总体上呈现出“依附式自主”的发展特征，这种特征将在较长时期内存在。[12]在一定程度上，社会组织的公信力缺失也是不可忽视的问题。[13]由于我国计划经济时期“社会”的缺失，以及改革开放以来“社会”的边缘性地位，整个社会呈现出显著的个体化、原子化、碎片化、非组织化特征。那么，发现或找回“社会”，再造社区共同体，客观上就要求新型社会服务体系和体制应不断创新。

基于此，在推进社会建设的进程中，要用好社会这只“手”。要充分发挥社会力量的作用，关键在于创新和完善现有社会组织体系和机制，加强和转变现有社会组织的职能，通过体制内改革和体制外发展“双轮驱动”来构建我国现代社会组织体制。[14]具体而言，要切实发挥新社会组织尤其是专业化的社会服务机构在社会治理和公共服务创新中的重要作用，政府要用改革精神调整社会政策，包括完善新社会组织的相关制度，加强对新社会组织的引导和服务，构建有助于新社会组织参与社会建设、社会治理的公共财政体系及资源分配机制，推进新社会组织的专业化、职业化和制度化进程。其中，加强专业社会工作人才队伍建设，是助推新社会组织体系建设的重要抓手。

总体上，新社会组织具有体制建构、服务建构的双重功能。在体制创新上，新社会组织是对传统社会领域中以政府为全能形象的“政社不分”“以政代社”体制的超越，有助于形成“政社分工与合作”的体制机制。在服务创新上,新社会组织注重以人为本,立足社区实际需求,坚持在证据为本的原则的指导下开展专业社会服务,是对传统社区服务内涵的扩展与创新。因此,今后应该在社会理性的指导下,不断推进“社会再组织化”和“社会自组织化”,构建社会主义现代社会组织体制和体系,加强新社会组织建设与发展,为社会政策创新与实践、社会服务创新提供组织化载体,以不断适应新时期社会变迁和社会发展催生的各种社会服务需求。

（三）深化社会服务的本质内涵,构建新社会服务体系的多维要素

在社会理性视角下,构建新社会服务体系内在地要求深化现有的社会服务内涵。这可以从社会服务本身创新、社会服务体制和体系创新以及服务型社区治理与社会建设三个方面进行。

第一,提升社会服务的社会性、专业性特质。社会工作作为社会治理和公共服务创新的重要手段,其以人为本、以社会为本的核心追求是和谐社会建设的内在要求。社会工作具有独特的专业理念、专业伦理价值观和一套整合性理论、方法体系,它在回应现代化进程中的个体、家庭、团体、社区的困境和需求方面具有显著优势,成为连接个体困扰与公共议题的重要纽带和通道机制。[15]因此,在现行社会服务内涵中注入社会化、专业化的社会工作理念和方法,并结合实际情况,探索本土化导向下的专业社会服务,建构现代社会工作理论与实践体系,是我国未来社会服务发展与创新的重要内容。

第二,创新社会服务体制和体系。社会服务体制、体系的改革与创新,不仅是技术和组织层面的创新,还包括服务主体、服务内容、资源供给、政策供给等要素的系统性改革与创新。这就提出了

以下要求。一是实现服务主体多元化。构建包括政府、社区、家庭、公益性与专业性社会组织、社会工作者和志愿者群体等共同参与的多元化服务体系,其中,"三社联动"机制的探索与实践成为创新社会治理、完善社会服务体系的重要内容。[16]二是实现服务内容多层次、多样化。构建社区养老服务、法律服务、就业服务、卫生医疗服务、困难群众帮扶服务等内容多样化、综合性的服务体系。三是资源供给多渠道、多方式推进。既要发挥政府在资源配置中的主导作用,构建专门的公共服务财政体系,也要使社会力量在社会服务生产与供给领域发挥基础性、决定性作用,坚持政府、社会组织、企事业单位、社会公众等多元主体的协同参与。从根本上讲,创新社会服务体系和体制的核心在于建立政社分工与合作的关系机制。当前中央和地方大力推进的政府购买服务机制,一定程度上体现了政社分工与合作的重要理念创新,这既是新社会服务体系的重要内容,也是对加强社会建设、创新社会治理和改善公共服务状况的重要探索和实践。

第三,推进服务型社区治理与社会建设。所谓服务型社区治理,即改变以往社区建设中的管控导向和政府"大一统"的管理格局,坚持从"管理"向"服务""治理"的实践逻辑转换,它是社会治理创新在基层建设中的重要体现。这就要求我们创新政社关系,建立政社分工与合作机制,实现政府、社会等多元主体在社会服务体制中的合作治理格局。而要实现服务型社区治理的目标,最根本的路径在于坚持社会的再组织化策略,重构社会整合和团结机制。同时,服务型社会建设是指一切机构或行业均以服务为理念、以服务为手段、以服务为形式、以服务为目的所形成的社会类型。[17]其特征在于:以生活服务业作为人们社会事业的基础,以社会服务作为社会团结的基本纽带，发挥新社会组织作为实施社会服务的基本主体和组织载体的作用，并注重推进服务型政府与服务型政党建设，营造服务型的社会氛围。[18]服务型社区治理和社会建设的理念与内涵，应作为我国服务型政府和服务型政党建构的最终落脚点。这是因为，政府和政党运行的根本宗旨在于促进社会和谐进步、改善民生事业、促进人民幸福。正如有学者强调的那样，政府的职能不能仅限于对社会的管理，而是要面向最广泛的社会大众，以不断培育社会的自主性。[19]通过形成服务型社区治理格局，提升现代公共意识和公民参与社会建设的程度，不断提升社会建设的公共性目标[20]，这对于我国构建新社会服务体系具有重要的推动作用，也将反过来推动整个社会的发展进步。

四、结语

本文在反思传统社会服务面临的当代挑战及其实践困境的基础上，尝试从社会理性视角建构一种新型的社会服务理论基石，从社会政策范式转型、新社会组织体系发展与社会服务创新等方面构建新社会服务体系的本土化实践路径。质言之，构建新社会服务体系是市场经济条件下弘扬社会理性的必然要求，是应对社会风险、重构社会秩序、创新社会治理、构建服务型社会的必要的制度安排。然而，新社会服务体系的构建，也是一项复杂而浩大的工程，既包括对原有服务理论的超越与创新，也包括对具体服务政策、服务体制和服务内容等方面的创新，这其中涉及政府、社会组织、市场、社区、家庭和个人等多元主体之间的利益协调与关系重构。当前，中央有关“创新社会治理体制”“加强政社分开”“建立现代社会组织体制”的重要理念和制度为创新社会服务体系指明了方向。同时，近年来，各级政府向社会组织购买社会服务的实践不断得到深化，通过职能转移、服务机制创新，为不断探索和提炼与我国社会经济和文化实际相符合的本土化社会服务模式提供了重要的制度和经验基础。

总之，作为社会建设和社会发展的重要抓手，新社会服务体系还有很多内涵和理论元素可以继续深化。强调从“社会管理”向“社会治理”的理论转变，强调一种迈向社会理性的社会建设导向，应成为我国未来社会体制改革、社会治理创新以及社会服务转型升级的根本方向。社会理性既指明了新社会服务所具有的“为社会”的价值取向，又指出了其与市场提供的营利性服务以及政府提供的广覆盖、保基本的公共服务之间的本质差别。因此，只有在真正意义上实现社会各主体之间的有序互动与合作，才能形成政府治理与社会自我调节、居民自治之间的良性互动，也才能形成维护社会良性运行的长效机制。这些都需要更多的理论反思和经验探索。

参考文献

[1] 张静. 通道变迁：个体与公共组织的关联[J]. 学海,2015(1).

[2] 王思斌. 试论经济发展新常态下积极的社会政策托底[J]. 东岳论丛,2015,36(3).

[3] 尚晓援. “社会福利”与“社会保障”再认识[J]. 中国社会科学,2001(3).

[4] 倪明胜. 社会服务概念辨识与路径优化[J]. 江西社会科学,2012,32(2).

[5] 刘继同. 中国现代社会服务体系构建论纲[J]. 社会建设,2016,3(1).

[6] 杨君,徐永祥. 新社会服务体系：经验反思与路径建构：基于沪深两地政府购买服务的比较研究[J]. 学习与实践,2013(8).

[7] [德] 马克斯·韦伯. 新教伦理与资本主义精神[M]. 阎克文,译. 上海:上海人民出版社,2010.
[8] 王绍光. 大转型:1980 年代以来中国的双向运动[J]. 中国社会科学,2008(1).
[9] 李迎生. 国家、市场与社会政策:中国社会政策发展历程的反思与前瞻[J]. 社会科学,2012(9).
[10] Grohs S. Hybrid organizations in social service service delivery in quasimarkets: The case of Germany [J]. American Behavioral Scientist, 2014, 58(11).
[11] 徐永祥,侯利文,徐选国. 新社会组织:内涵、特征以及发展原则[J]. 学习与实践,2015(7).
[12] 王诗宗,宋程成. 独立抑或自主:中国社会组织特征问题重思[J]. 中国社会科学,2013(5).
[13] 姚锐敏. 困境与出路:社会组织公信力建设问题研究[J]. 中州学刊,2013(1).
[14] 李培林. 我国社会组织体制的改革和未来[J]. 社会,2013,33(3).
[15] 徐选国. 从专业性、本土性迈向社区公共性:理解社会工作本质的新线索[J]. 社会科学战线,2016(8).
[16] 徐选国,徐永祥. 基层社会治理中的"三社联动":内涵、机制及其实践逻辑:基于深圳市 H 社区的探索[J]. 社会科学,2016(7).
[17] 孙希有. 服务型社会的来临[M]. 北京:中国社会科学出版社,2010.
[18] 景天魁. 在社会服务体制、机制的改革与创新中发展非营利组织[J]. 教学与研究,2012(8).
[19] Schram S F. Fostering autonomy: A theory of citizenship, the state and social service delivery[J]. Contemporary Political Theory, 2015, 14(1).
[20] 高中建,周菲菲. 现代公共意识的生成与公民的社会建设参与[J]. 中州学刊,2013(8).
[21] 李友梅,肖瑛,黄晓春. 当代中国社会建设的公共性困境及其超越[J]. 中国社会科学,2012(4).

通过社区服务发展推进城市社区治理[①]

徐永祥

自民政部20世纪80年代中后期在城市开展以民政对象为服务主体的社区服务以来，城市社区作为居民日常生活共同体的身份日益得到认可。如何通过社区服务的发展推进我国城市社区治理，是我们无法绕开的一项重大课题。笔者将从以下三个方面加以阐释。

一、服务对象的延伸与城市基层治理主体的多中心化

随着“单位制”的改革，大量的“单位人”转移到街道办事处和居民委员会，同时，个人、街道和社区在养老、医疗、住房等福利领域则开始承担更加明显的责任。为解决这一问题，民政部在城市社区倡导社区服务，其对象限于老人、残疾人、优抚对象等特殊困难群体。除民政部以外，工商、税收、司法、劳动、卫生等部门也将大量的政务工作下派到社区。自20世纪90年代以来，农民工群体

---

① 本文曾发表于《中国民政》2015年第3期，此次收录略有修改。

深刻影响着城市社会阶层结构的变化。城市社区中的农民工难以获得基本的公共服务，与城市社区居民之间不仅充满着不少利益冲突，更是蕴含着种种政治博弈。不可回避的是，基层政府在城市基层治理中是单一的管理力量与权力中心。多样化的社区服务基本上变成单一的政府事务，基层社区自身所需要的各类居民自组织以及非政府组织、非营利机构难以发育和发展起来，居民所需的各类专业服务无法由街道办事处及其所管辖社区和体制内各组织承接。并且，公共物品的单一决策权力中心和一元化的供给主体在一定程度上剥夺了作为服务消费者的居民的选择权利。城市基层治理不能仅仅依靠政府，而必须是多中心的，即除了基层政府之外，还应包括居委会、业主委员会、物业公司、社区居民以及社区自组织等。

二、服务内涵的扩展与城市基层治理方式的双向互动

1991 年在北京首次召开的全国社区服务工作研讨会明确了社区服务的福利性质及其主要服务内容。自 2000 年以后，社区服务再次被确定为社区建设的主要内容，并要求社区服务实现“四个面向”。2006 年，《国务院关于加强和改进社区服务工作的意见》也指明了城市社区服务的内容。随着城市经济的快速发展，社区居民的服务需求日益凸显出“社会性”的特质，即从基础性的社区服务向发展性的社区服务迈进。在此过程中，社区服务内在地包含四个方面：社会经济保障、社会凝聚、社会包容、社会赋权。

社区服务内涵的扩展势必要求城市基层治理的方式是一个双向互动的过程。一方面，城市社区服务应满足社区居民不断增长

的服务需要，城市基层治理应当充分尊重社区居民的愿望和实际需求，让社区居民参与到社区服务的各项规划和实施方案的制定过程中，赋予社区居民一种成员资格，即一种身份、一种权利；另一方面，加强城市基层治理并不意味着全面替代既有的城市社区建设体制与管理机制，而应以社区服务促进城市基层治理逐步实现双向互动。

三、服务主体的多元与城市基层治理机制的协同合作

与社区服务对象的延伸、服务内涵的扩展直接相关的是，城市社区服务的主体是多元的，基层政府提供基本公共服务，专业服务性机构提供专业性服务，而社区自组织则提供居民互助服务。当然，也应注意到，这些专业的社会组织或社区自组织“先天”与政府是一种“依附关系”。在某种程度上，专业的社会组织或社区自组织需要遵从政府的指示，为此，形成一种协同合作的城市基层治理机制便显得十分重要。

合作主义能够促进基层政府与专业社会组织、居民在社区层面建立协商、合作关系，而基层社区不仅是国家整合社会利益的场域，也是国家通过基层社区汲取资源的重要场所。需要说明的两点是：一是合作主义的关键在于捕捉到国家的主导性地位，具体强度可随具体社会情境而变化；二是合作主义要求以充分发展的多元主义格局社会为基础。

政府购买公共服务的理论谱系及其超越

——以新制度主义为分析视角①

徐选国　杨　君　徐永祥

在世界范围内,政府购买公共服务(公共服务民营化或政府服务外包、合同外包等)是当代政府的基本公共职能之一。自 20 世纪 60 年代以来,以英国、美国为代表的西方福利国家体制出现了严重危机,并受到一系列挑战,在此背景下,政府购买公共服务就成为这些国家进行福利体制改革和国家治理的重要手段。所谓政府购买公共服务,是指政府将原有职能范围内由自己直接提供的服务,通过直接拨款、合同外包、公开招标等方式,交由其他社会主体来提供,这些主体包括非营利性服务组织和营利性市场组织,政府在其中扮演政策制定者、资源提供者与监督管理者等角色。公共服务应具有如下特征:高品质、高效的运行与管理、对用户的需要和需求做出积极反应并向纳税人负责。[1]由于公共服务的特殊性,政府在购买公共服务的政策制定与实践方面经常存在理论上的混乱。例如,市场抑或非营利组织,谁更适合作为政府购买公共

① 本文曾发表于《学习与实践》2014 年第 10 期,此次收录略有修改。

服务的主体？政府购买公共服务的理论逻辑是什么？政府购买公共服务的运行机制又将如何？对于这些问题的争论，形成了不同的理论路向和实践逻辑。

作为发展中国家，中国因改革开放和市场经济发展过程中引发的各种需求凸显，政府从20世纪90年代开始便引入了政府购买公共服务的理念与制度，目前已有20年左右的历史，为形成具有中国本土特色的政府购买公共服务模式积累了有效经验，并取得了显著的成绩。在当前我国大力推进政府职能转型，探索社会治理创新的现实背景下，对国内外关于政府购买公共服务的理论观点进行梳理与反思，积极回应我国当前的实践，具有重要的理论和实践意义。

一、政府购买公共服务的理论谱系及其变迁

通过搜索国内外学者关于政府购买公共服务的相关文献，笔者归纳出了三种理论范式。第一种研究范式，主要从政府责任、政府购买公共服务的公共政策和政治属性等视角来分析政府购买服务的理论，其旨在凸显对公共性的价值追求，包括合约失灵理论、志愿失灵理论和公共选择理论等，笔者将这一研究范式称为政府治理理论。与此不同，市场化理论作为第二种研究范式，主要从市场化视角来解释政府购买服务的理论，包括民营化理论、新公共管理理论、选择—竞争模式等。第三种研究范式即社会化理论，它试图超越前两种范式，从社会性角度分析社会主体在政府购买服务中的作用、优势和策略等，包括市场失灵、政府失灵和第三方治理理论。可以说，这三种视角主导下的政府购买公共服务理论并不

是彼此分离的，三种理论范式之间存在相互依存、相互补充的关系。但到目前为止，这些理论之间的关系尚未得以厘清，各自的优势尚未得到有效发挥。基于此，笔者认为，政治科学中的新制度主义理论——一种具有整合性优势的理论视角，它涉及制度化、合法性机制、制度同构与制度趋同等观点，有助于从更加多元的视角来阐释政府购买公共服务的实践和制度逻辑，应成为政府购买公共服务的新型理论分析视角。

（一）政府购买公共服务的政府治理理论

第一，合约失灵理论。合约失灵理论由汉斯曼提出，它将非营利组织的存在视为另一种形式的市场失灵，即标准的市场机制在某些领域（如老年人照顾领域）行不通，这就需要代理人的出现，以保证服务购买者所购买的商品或服务符合适当的数量和质量标准，而非营利组织就是作为这种代理形式出现的。由于市场以获得利润为导向，它们可能会辜负购买者的信任，而非营利组织更倾向于从事慈善性事业，容易获取信任。不过，绝大多数项目由政府管控，致使该理论不能有效解释政府对非营利组织的依赖或管制。在现实中，政府没有理由辜负购买者的信任，该理论进而会导致人们更加信赖政府，而不是非营利组织。由此可见，合约失灵理论不能有效解释政府购买非营利组织服务的现实逻辑。

第二，志愿失灵理论。该理论由萨拉蒙提出，他反对将政府视为对市场失灵的应对、把非营利组织视为替代性反应机制；相反，他把政府视为对非营利组织的固有缺陷所致的“志愿失灵”而做出回应的派生性制度。[2] 该理论认为，政府在处理集体物品不足问题上的交易成本比非营利组织高得多，非营利部门对“市场失灵”做出迅速反应，政府只有在非营利组织回应不足的情况下才出现。

这种理论的价值取向表明,志愿失灵主要包括四种情况:慈善不足、慈善的特殊主义、慈善的家长式作风和慈善的业余主义。“志愿失灵”使得政府的行动成为必要,并使政府对非营利组织的支持有更为充足的理由。不难看出,该理论是对以往理论的超越,解释了长期以来存在的政府与非营利组织之间的关系。但不足之处在于,该理论认为政府是对志愿失灵的补充,仍然没有揭示非营利组织具有的特殊优势以及其与政府之间目标同构、责任共担、相互依赖的关系。

第三,公共选择理论。该理论由詹姆斯·M.布坎南等人创立,其主旨是把市场领域的人类行为与政治领域的政府行为纳入同一分析轨道——“经济人”模式。按照“经济人”假设,公共选择理论强调效用最大化和利益最大化[3];政府组织也符合效用最大化的理性“经济人”假设。它们首先追求个人利益和机构利益,然后才会照顾公众的利益,这是产生政府失灵现象的根源。该理论进一步指出,政府失灵现象普遍存在,主要包括:公共政策失效、公共物品供给的低效率、内部性与政府扩张、寻租及腐败等。该理论作为当代行政改革的主导理论范式之一,强调了政府的理性人特征以及相应的弊端,它强调:没有任何逻辑和理由能证明公共服务必须由政府来提供,打破政府的垄断地位,建立公私机构之间的竞争关系,是消除困境的最佳出路。该理论的不足之处在于,它同样没有指出非营利组织与市场组织在公共服务中的角色和责任。

(二)政府购买公共服务的市场化理论

政府购买公共服务的政府治理理论强调了政府职能的转变,明确了政府在社会建设和公共管理方面的角色。但它没有指出非营利组织与市场组织在公共服务中的角色和责任,以及应该坚持什么样的理论导向才能保证公共服务的高效率。这个问题引申出有关政府购买公共服务的三种市场化理论。

第一,民营化理论。作为公共选择理论的逻辑结果,民营化理论由萨瓦斯提出,成为政府公共治理和公共服务的重要理论范式。他指出,民营化作为一种重要的公共服务提供机制,强调引入市场激励机制以取代政府随意干预,以改善政府作为服务提供者的绩效。萨瓦斯把民营化提供机制概括为三类:委托授权、政府撤资和政府淡出。该理论突出强调了在政治领域和公共服务领域引入市场机制的重要性,这种公共服务供给的民营化机制成为新公共管理的主流,体现了新公共管理的典型特征。萨瓦斯进一步指出:"从这个意义上讲,民营化就是新公共管理。"长期以来,学者们总是将政府购买公共服务置于民营化的框架内进行分析。然而,对这一理论的过度依赖会造成视野的狭窄化和认识的简单化,亟待建构多元化的分析框架,例如,从经济、管理、政治和法律等维度分析是对民营化理论缺陷的重要补足。[4]

第二,新公共管理理论。政府购买公共服务领域的民营化理论与新公共管理理论有着紧密的关系,后者的核心观点主要体现在以下八个方面:一、强调职业化管理;二、有明确的绩效标准与绩效评估;三、提供项目预算与战略管理;四、提供回应性服务;五、公共服务机构分散化和小型化;六、引入了竞争机制;七、采用私人部门的管理方式;八、管理者与政治家、公众关系发生了改变。[5]总体上,这些理论强调了政府购买服务的市场化特征,强调用竞争的方式改善政府服务供给的固有缺陷;但不足之处在于,过度强调竞争、管理和经济学方法论等特征会忽视不同主体在服务供给中的有效互动与合作关系。

第三，选择—竞争模式。针对公共服务的信任模式、绩效管理模式以及“发言权”模式存在的致命弱点，格兰德提出了选择—竞争模式，即大多数情况下，在服务提供者之间推广选择与竞争的政策，能更有效地提供高质量、高效率、反应快和公平公正的服务。他进一步指出，相较于其他模式，选择—竞争模式具有三大优势：一是能够体现意志自由的原则，能够对客户的需要和需求进行积极回应；二是为不同服务提供者（竞争者）提供了激励因素，鼓励其以更高的效率提供更高质量的服务；三是该模式具有更加明显的公平性。与此相关的，格兰德进一步回应了那些对该模式的反对之声，如人们“不想要选择”、选择是“中产阶级的迷恋”以及选择—竞争模式会“危及公共领域”等。他通过医疗和教育领域的政策实践来论证自己的观点：人们确实想要选择权；选择权可能正是获得良好服务的最佳途径；选择权不是中产阶级的专利，穷人比中产阶级更想要选择权；选择与竞争能够促进而不是威胁公共领域。选择—竞争模式确实为公共服务提供了一种较为理想的实践模式，但现实中很难真正具有格兰德所建构的“准市场”环境，难以使不同服务提供者之间形成良性竞争；同时，用户取向的分析视角强调了服务使用者的主体性和自主性，现实中也未必真正能够体现他们的需求和特殊性；另外，这种模式仍然以市场化导向为基础，未考虑不同性质的服务提供者在参与公共服务提供过程中的动机和策略等因素。

（三）政府购买公共服务的社会化理论

非营利组织为何出现？政府为什么要向非营利组织购买公共服务？为何要将部分公共服务转移给其他主体？对这些问题的回答衍生出了以下两种社会化理论观点，这两种社会化理论观点正是对政府失灵和市场失灵理论的完善和超越。

第一,超越政府与市场的社会化理论。长期以来,政府和市场作为“集体箱”的生产者和提供者,有着固有的局限。它们不能有效满足社区大众对“集体物品”的需求,在市场领域,容易出现“搭便车”现象;在政治领域,政府的服务供给可能可以满足大多数选民的诉求而留下了一些未能得到满足的需求,从而出现市场失灵和政府失灵。超越政府失灵与市场失灵理论的社会化理论模式强调,非营利组织就是为了适应这些“未能得到满足的需求”而出现的。这种理论视角认为,非营利组织可作为政府和市场不能提供某些服务的替代物,政府向非营利组织购买服务是一种迫不得已、补充性和消极性的行为。这种理论视角忽视了政府、市场和非营利组织之间可以进行优势互补和责任共担的优点。

第二,第三方治理理论。作为对以往理论的补充和超越,第三方治理理论作为社会化理论的另一种模式认为:在公共服务供给中,政府广泛依赖和求助于第三方机构来提供服务,在这个过程中,政府和第三方执行者在很大程度上共享对公共资金和公共权威运用的裁量权。第三方治理理论强调了政府在提升整体福利中的作用,却不主张过度扩张政府的行政机构;相反,主张政府应将大量服务交由第三方机构(尤其是非营利组织)来执行,建立起政府与第三方机构之间的“合作伙伴”关系。萨拉蒙进一步强调,非营利组织是参与第三方治理的最佳候选人,因为它们与营利性组织不同,而与政府有着相似的“公共”目标。该理论凸显了在公共服务供给过程中政府与其他机构的目标互构、责任共担和相互依赖关系,为非营利组织参与公共服务供给提供了重要的理论依据。该理论是在美国福利实践和社会发展历史脉络中提炼出来的,其理论前提是国家多元主义价值观以及国家作为市场和非营利组织后盾的现实。同时,由于其缺乏对国家、市场和非营利组织等主体之间关系的相关制度的建立、制度化规范和制度创新等内容的重视,其所体现的观点同样带有许多理想主义元素,对于其他许多国家和地区而言,其适用性有待考察。

(四)新制度主义理论:一种新型理论范式

从整体上讲,可以将前述理论视为政府购买公共服务领域的行为主义理论谱系,这些理论共同的缺陷是:没有从制度的视角来看待和研究相关问题。基于这种考虑,新制度主义政治学得以萌芽和发展起来,制度与行为成为新制度主义关注的核心。该理论最早由马奇和奥尔森提出,他们认为,"恰适性行为"模式、规则、惯例和意义建构等要素才是政治学的核心特征[6],而制度在政治生活中的作用举足轻重,不容忽视。后来,新制度主义分析成为一种新的理论范式,受到诸多学者的关注并得到创新运用,最终形成了新制度主义的诸多流派。为大众所公认的三大流派是历史制度主义、理性选择制度主义和社会学制度主义等。[7]其中,历史制度主义者认为,围绕稀缺资源而展开竞争的各个集团之间的冲突构成了政治过程的核心。观念、制度和个体理性之间的互动关系,是历史制度主义的基本分析变量。它具有三个核心特征:一是从广泛意义上界定制度与个体行动之间的关系;二是强调制度制定过程中权力的非对称性特征、路径依赖特征和政治生活的意外后果;三是强调将制度与其他能够产生政治后果的因素整合起来进行分析。理性选择制度主义受经济学新制度主义影响显著,"理性人"假设、产权、交易费用等概念成为它的基本分析变量。社会学制度主义得益于社会学组织理论的发展,理性化扩展促成了批判组织体制的变迁观点的形成,制度化、合法化等概念成为其分析的基本变量。从而,该理论体现出如下重要特征：一是制度不仅包括正式制度,还包括各种象征系统、道德模板和认知模式;二是制度制约甚至决定行为的关键是,社会化过程中的角色提供某些内在化的认知模板和行为规范;三是制度得以扩展并出现趋同性,是由于制度能够适应特定的文化背景,并在其中体现合法性。[8]

新制度主义的"新"主要体现在：一是重新将政治制度作为研究的关注点,强调程序、规则和标准,强调权力的支配关系;二是强调制度的过程与变迁,将意识形态、文化等要素作为公共政策与制度形成和变迁的重要变量;三是将理性因素与非理性因素结合起来,将价值与事实结合起来;四是融入了传统制度理论和行为主义的一些研究方法,并有所超越。[9]这些特征不仅是对传统制度主义的批判和超越,同时也是对前述理论在阐释政府购买公共服务时所面临困境的创新。新制度主义的上述特征在分析当前我国政府购买公共服务实践时具有独特的解释力和切实性。本文认为,新制度主义为分析国家与组织、个体之间的关系提供了重要的视角,可以将其当作解释政府购买公共服务的一种新型理论视角。其中,制度与行为、制度化、合法性、制度创新、去制度化等概念成为该理论分析政府购买公共服务过程中各种主体间关系、制度生成与变迁、制度再生产等内容的核心要素。接下来,本文将结合新制度主义提供的制度分析视角,分析当前我国政府购买公共服务领域的实践逻辑及其存在的制度困境。

二、我国政府购买公共服务的实践特征及其制度困境

20世纪90年代中期以来,我国部分地方如上海、广东等地积

极进行改革创新,在公共服务领域探索和实践政府购买服务的新型供给模式,取得了积极的成效。但是,总体上看,我国政府购买公共服务还处于初步探索阶段,存在制度缺位问题,没有从理念、文本、行动、保障等方面建构出一套推动政府购买公共服务的完整制度体系。

(一)政府职能转移与服务主体多元化不充分背景下的主体权责模糊

在改革开放以前,政府总揽政治、经济、社会、文化各项公共服务,同时扮演着公共服务的供给者和生产者角色,这种“大一统”的服务供给模式明显地体现在我们的“单位制”时代。由于政府在公共服务供给方面效率较低、成本较高,而且缺乏专业人才[10],进而导致了一系列弊端。随着市场经济的发展,社会大众的需求日趋多元和复杂,原有的政府“大一统”模式不适应社会发展和民生诉求,因而政府对公共服务的职能转移成为社会发展的客观结果。政府逐渐将原有职能中的公共服务“生产者”角色转移给市场和社会组织,坚持扮演服务“供给者”角色,这样就破除了长期以来形成的公共服务主体单一化的问题,大量市场、社会组织进入公共服务领域,形成政府、市场和社会组织参与公共服务的互动机制。近年来,各地的实践在一定程度上体现了政府公共服务职能的转移和服务主体的多元化,但是总体上,政府、市场和社会组织等主体之间仍缺乏较为明晰的权责关系,如政府职能可能出现过度转移、不愿转移或无序转移等现象,政府仍然在公共服务供给领域起着主导性作用。这种情形在各地政府购买公共服务的实践中仍不同程度地存在着,这表明,有关政府购买公共服务的价值理念还未普遍内化,政府购买公共服务的理论依据还未得以明确,政府购买公共服务的制度化机制尚未形成，各行动主体之间的分工、互动缺乏强有力的制度规范和约束。

（二）NGO与政府的依附式合作关系下自主性的缺失

市场经济的发展客观上要求对国家（政府）、经济（市场）、社会三者的边界进行重新界定，对其职能进行合理分工，要求政府切实转变经济管理与社会管理职能，基于“政企分开”“政社分开”建构现代经济体制、社会体制与政治体制。[11]由此，政府获得了培育、发展社会组织或者说进行社会管理创新的压力及动力。这是我国各种社会组织得以发展的政治和历史逻辑，同时也彰显了我国社会组织发展的现实逻辑——政府的主导性。由于社会发展的物质资源、组织资源等基本上由政府掌握，绝大多数社会组织必须或者不得不依靠政府的培育和扶持，由此注定了社会组织发展初期对政府的“依附性”地位[12]，体现了“社会在国家中”的基本特征。然而，社会组织作为民间社会组织，作为社会建设的主体之一，其价值取向、专业取向及运作机制又“天生地”具有自治及自主发展的属性和能力。在这种情况下，依附性（政府主导性的一种表现）、自主性（社会组织的内在属性）必然构成我国社会组织发展过程中的两个既相互联系又相互矛盾的现实性维度。因此，尽管“政社分开”“政社合作”的诉求长期存在，但由于政府对公共服务所需稀缺资源的主导性地位，导致社会组织在公共服务供给中很大程度上存在对政府的依附式发展。这体现了政府与社会组织两大行动主体在互动过程中的博弈，由于缺乏明确的制度设置和制度依据，政府与社会组织的行动和利益取向难以得到有效的制约和规范。

（三）政府购买公共服务的制度化与合法化机制尚未建立

20世纪90年代，上海浦东新区率先探索政府购买公共服务的实践模式。2003年以来,广东、北京、浙江、江苏等地方政府不断加强在政府购买公共服务方面的探索,购买服务的领域涉及教育、卫生、贫困、残障、社区发展等。2005年,国务院扶贫办联合其他单位在北京启动的"非政府组织与政府合作实施村级扶贫规划试点项目"是第一个通过规范程序招标进行的公共服务购买项目,其标志着政府购买服务开始进行规范化试点。在制度建设方面,《中华人民共和国政府采购法》虽是主要的法律依据,但其难以满足政府购买公共服务的制度性需求。同时,中央和地方陆续出台了一些规范性文件来推动政府购买服务,如财政部、民政部2012年发布的《中央财政支持社会组织参与社会服务项目目录》,同年发布的《民政部 财政部关于政府购买社会工作服务的指导意见》,北京市社工委发布的《2011年政府购买社会组织服务项目指南》,以及广东省出台的《政府向社会组织购买服务暂行办法》和《省级政府向社会组织购买服务目录》等。这些文件在推动政府购买公共服务方面发挥了特定的作用。但是,总体上看,当前我国政府购买公共服务尚未全面纳入政府采购议程,仍然缺乏法律依据。在深圳等政府购买服务成效显著的地区,也出现了"法治赤字"的现象。[13]可见,政府购买公共服务的制度化与合法化机制仍然缺失。在缺乏较为完善的政府采购法律法规及相应制度体系的前提下,我国政府购买公共服务的制度化进程将受到严重阻碍。

为保证公共服务供给质量,各地也纷纷引入了一些监管和评估机制,如深圳、东莞、广州等地较早引入独立的第三方评估主体作为提升政府购买公共服务质量和服务绩效的有效手段,在实践中发挥了积极的成效。但由于第三方评估机制未能真正获得合法性权威,尚未得以制度化,未能成为公共服务领域"广为接受的社会事实”,因而在具体评估实践中面临着一系列困境。另外,现有的有关政府购买公共服务的一些文件规定,由于其存在碎片化、单一化、狭窄性的局限,导致在实践中承接服务的各类组织出现了日益趋同化的现象,这种现象不利于组织的发展和服务的有效供给。因此,制度变迁和制度创新应该成为改善上述现状的重要切入点。

三、政府购买公共服务的新制度主义路径

在世界范围内,政府购买公共服务已成为政府治理变革的重要内容,也是构建多元化公共服务体系的重要路径。我国政府购买公共服务的实践进程,一定程度上是由对西方社会管理制度的模仿学习开始的,并在实践中逐渐适应了本土的制度环境。但是,如前所述,我国政府购买公共服务的实践仍然存在着法治化水平低、制度缺位、制度化不足、合法性机制缺失等问题。因此,结合新制度主义理论的核心观点,创造有利于政府购买公共服务的制度环境,加快其制度化进程,构建其合法性机制,应成为当前及今后加快政府职能转变、促进社会治理与公共服务创新的关键议题。基于此,笔者立足新制度主义理论视角,提出以下完善政府购买公共服务的制度化实践路径。

(一)优化制度环境和组织环境,提升政府购买公共服务的制度化程度

根据新制度主义理论的观点,制度化是指组织作为社会环境和历史脉络中的一个有机体与周围环境不断作用、不断变化并适应周围环境的过程;同时,它既是某一社会关系和行动被视为理所当然而逐渐被接受的过程,又是某一事件的状态,这种状态决定了

什么是有意义的、什么行动是可能的。组织的技术环境和制度环境显著影响着组织的行为与结构：技术环境要求组织有效率，按照最大化原则组织生产；制度环境是指组织所处社会中的文化期待、法律制度、社会规范、观念制度等是人们所“广为接受的”社会事实。[14]政府向社会组织购买公共服务是对社会发展进程的适应，体现了其作为公共组织应该扮演的角色和意义建构，其通过向社会组织转移职能的方式使这一事件成为可能，这就表现出了政府购买公共服务的制度化依据和必要性。因此，在当前全球化脉络以及加快推进市场经济发展、推进和谐社会建设、促进民族复兴等国内环境的共同形塑下，政府应积极寻求公共服务供给的替代性方式。在服务型政府、服务型政党理念的指导下，形成“党委领导、政府负责、社会协同、公众参与、法治保障”多元一体的社会管理创新格局，不断加强社会组织管理体制建设，促进社会组织成长，为政府向社会组织购买公共服务创造积极的政治环境。今后，应该以此为契机，进一步完善政府购买公共服务的制度环境和组织环境，不断提升政府购买公共服务的制度化水平，使政府购买公共服务成为“广为接受的”制度化事实。

（二）加强合法性机制建设，完善政府购买公共服务的制度化体系

在新制度主义理论视阈中，合法性机制被视为组织生存与发展的主要制度化因素，在组织结构内部、组织与制度环境的互动之中发挥着重要作用。新制度主义使用的合法性机制不同于韦伯的三种合法性机制所体现的“强迫性”特征，新制度主义主要强调其合法性或公义性，即是在社会认可的基础上建立的权威关系。合法性机制是促使组织采纳在外部环境中具有合法性的组织结构或

做法的制度力量，组织受制度环境制约，追求社会承认，并采纳合乎情理的行为或结构。而且，这种合法性机制的建立以及组织所处的制度环境共同推进组织内部制度的产生与演变，有利于组织自身的制度化发展。[15]今后在推进我国政府购买公共服务的进程中，应该注重服务承担主体的合法性机制的建立，社会组织作为政府购买服务的主要承接者，应该进一步实现中国语境下的社会组织在参与政府购买公共服务实践中的合法性。其中，应该明确意识到社会组织在承接公共服务方面的固有使命及其特殊优势，尤其要凸显社会组织应成为政府购买公共服务、转变政府职能、加强公共管理创新的重要依赖主体，若缺少对社会组织的重视与培育，政府购买公共服务将是高成本和低效率的。因此，将政府购买公共服务纳入政府采购的法治化议程，建立公共服务专项财政体系，建立和完善包括政府购买公共服务的内容、程序、监管、评估等在内的制度化体系，是明确政府、社会组织等主体之间权责关系、规范彼此利益关系、促进行动主体有序参与政府购买公共服务的制度依据和保障。

（三）推进制度改革与制度变迁，降低政府购买公共服务的制度趋同与制度依赖

新制度主义提出了较为新颖的解释范式，但由于其强调组织生存发展所需的制度环境和技术环境，许多组织制度和组织行为不只是受效率所驱动，而更受各种组织在社会中追求的合法性的驱使，这种机制主导下的组织结构和行为与效率机制主导下的情况具有显著差别。组织合法性机制常常导致这样一种结果，即不同性质、不同目标和不同使命的组织，因为坚守相同或相似的组织制度或规则，进而导致“制度化的组织”以及组织趋同性。[16]组织

趋同性或制度趋同性的渊源包括三种机制：强制机制、模仿机制和社会规范机制。[17]目前，各地推行的政府购买公共服务的实践各有不同，并形成了不同的实践模式；但对于同一地区来说，政府同一的制度文件对于社会组织承接公共服务的要求、规范和约束方式等具有相似性，因而组织趋同性现象较为明显。制度趋同或者组织趋同对于有效发挥政府转移的公共服务职能具有积极意义，如不同组织间可以在服务供给、组织发展、组织结构优化等方面进行互动、交流与彼此促进。但是，制度趋同或组织趋同也具有一些负面作用，因为组织的趋同性意味着组织之间没有差异，容易导致组织对制度的依赖性，难以凸显组织自身的专业性和品牌化特征。在我国当前政府购买公共服务的实践中，这些局限主要体现为社会组织对政府资源（财政购买、福彩公益金使用等）、对与政府之间合作关系的依赖，这对于维持社会组织自身的独立性、自主性等容易产生负面影响。因此，需要进行制度改革，加强制度创新，以避免制度或组织趋同对社会组织参与公共服务供给造成的不利影响。另外，这一变革也有利于其在现有制度安排中鼓励社会组织保持专门化优势，促进其打造特色品牌，降低社会组织对单一资源和制度的依赖程度，提升社会组织的自主发展能力。

四、结语

总之，以往的相关理论，无论是政府治理理论（合约失灵理论、志愿失灵理论、公共选择理论）、市场化理论（民营化理论、新公共管理理论、选择—竞争模式），还是社会化理论（超越政府与市场的社会化理论和第三方治理理论），它们在解释政府购买公共服务这一公共议程时都具有各自的侧重点和优势，但是，这些理论较多地关注政府购买公共服务实践的某一方面，因而呈现出一种理论的碎片化特征。政府购买服务作为一项整体性公共议程和政府公共服务创新，需要一种综合性的分析视角作为理论基础。新制度主义理论作为一种整合性理论范式，其以合法性机制、制度化、制度同构、制度趋同和制度变迁等概念为基本分析元素，为我们研究政府购买公共服务的实践逻辑和制度困境提供了重要的理论分析工具，对于当前我国各地开展的政府购买公共服务实践具有较强的解释力和理论适切性。通过本文的分析可以发现，新制度主义理论在解释政府购买公共服务这一议题时具有以下超越其他理论的优势。第一，制度作为分析的核心，强调其具有自主性和恰适性特征。其中，自主性体现在，制度一定程度上可以创造出自我环境，而非被动适应于环境；这种自主性还体现了新制度主义在分析政府购买公共服务时具有独特的适应性、变迁性和恰适性特征。恰适性就是指制度与不断变化着的政治、社会、经济环境相适应的特征。当前我国政府购买公共服务的实践，就是在社会结构急剧变迁、社会问题日益突显、社会阶层日益分化的背景下不断得以推进的。第二，新制度主义通过惯例、规则和意义诠释来重构政治生活的行为和价值信念。制度可以通过规则、惯例来减少政治行为的不确定性和复杂性，降低其对政治生活的影响；同时，它以意义的构建和完善来确立政治生活的价值和理念，并规范政治行为。这些特质体现在政府购买公共服务实践中：制度对政府购买服务这一行为不断规范化，并增强其确定性的理念和实践逻辑，并以此推动公共服务均等化，促进公共生活的建构。第三，新制度主义通过专项改革行动和持续性改革政策，助推制度变迁和完善。作为一项制度设置，政府购买公共服务的制度实践不可能完美无缺，它在实践中遇到的诸多问题就体现了制度设置和制度实践方面的困境，因此，强调进行专项改革与持续性改革是回应这种制度困境的重要途径。这些方面成为新制度主义理论分析当前我国政府购买公共服务实践的重要理论框架，比较符合当前正在推行的政治制度及其实践。

与此同时，新制度主义理论自身仍在不断变化和发展之中，该理论的不同流派之间仍在许多方面进行着持续的争论和相互批判，有关新制度主义理论的综合性理论观点尚未形成，这使我们将其用于解释现实问题时面临着理论和现实的共通性与张力双重存在的现象。同时，虽然新制度主义理论给出了有关制度同构、制度趋同、组织趋同等现象的原因和机制，但是，针对如何有效发挥制度同构的优势，并有效应对其带来的制度趋同和组织趋同的策略，则缺乏明确的观点。值得指出的是，新制度主义理论如同我们开展的政府购买公共服务一样，需要在实践中不断创新，不断整合新的元素，以形成一种更具解释力、更加完善的理论体系；同时，要加强对新制度主义理论的本土化建构，结合我国的政治、经济、文化和社会历史脉络，进一步发挥其在促进我国政府购买公共服务进程中的理论优势和生命力。总之，当前我国政府购买公共服务的实践表明，政府越来越意识到必须更多地依靠社会，通过向社会放权，实现改革的突破性进展，并增强改革的稳妥性。[18]因此，通过政府购买服务的议题和实践，积极培育社会组织发展，重塑政府、市场和社会之间的良性互动关系，将是社会体制改革与创新的一个重要议题，也将成为推动全面深化改革、推进国家治理体系和治理能力现代化的重要手段，新制度主义理论在此过程中还有很大的解释和完善空间。

参考文献

[1] [英]朱利安·勒·格兰德. 另一只无形的手：通过选择与竞争提升公共服务[M]. 韩波，译. 北京：新华出版社，2010.

[2] [美]莱斯特·M.萨拉蒙. 公共服务中的伙伴：现代福利国家中政府与非营利组织的关系[M]. 田凯，译. 北京：商务印书馆，2008.

[3] [美]丹尼斯·缪勒. 公共选择[M]. 张军，译. 上海：生活·读书·新知三联书店上海分店，1993.

[4] 叶托. 超越民营化：多元视角下的政府购买公共服务[J]. 中国行政管理，2014(4).

[5] 陈振明. 评西方的“新公共管理”范式[J]. 中国社会科学，2000(6).

[6] March J G, Olsen J P. The new institutionalism: Organizational factors in political life[J]. American Political Science Review, 1983, 78(3).

[7] 唐兴军，齐卫平. 政治学中的制度理论综述：范式与变迁[J]. 社会科学，2013(6).

[8] Hall P A, Taylor R C R. Political science and the three new institutionalisms[J]. Political Studies, 1996, 44(5).

[9] 何俊志，任军锋，朱德米. 新制度主义政治学译文精选[M]. 天津：天津人民出版社，2007.

[10] 苏明，贾西津，孙洁，等. 中国政府购买公共服务研究[J]. 财政研究，2010(1).

[11] Xu Y X. Division of tasks and cooperation between government and the community: An essential condition for the reform and innovation of China's community-building system[J]. Social Sciences in China, 2008, 29(1).

[12] 王诗宗，宋程成. 独立抑或自主：中国社会组织特征问题重思[J]. 中国社会科学，2013(5).

[13] 李海平. 政府购买公共服务法律规制的问题与对策：以深圳市政府购买社工服务为例[J]. 国家行政学院学报，2011(5).

[14] 周雪光. 组织社会学十讲[M]. 北京：社会科学文献出版社，2003.

[15] Dobbin F, Sutton J R, Meyer J W, et al. Equal opportunity law and the construction of internal labor markets[J]. American Journal of Sociology, 1993, 99(2).

[16] Meyer J W, Rowan B. Institutionalized organizations: Formal structure as myth and ceremony[J]. American Journal of Sociology, 1977, 83(2).

[17] DiMaggio P J, Powell W W. The iron cage revisited: Institutional isomorphism and collective rationality in organizational fields[J]. American Sociological Review, 1983, 48(2).

[18] 胡薇. 政府购买社会组织服务的理论逻辑与制度现实[J]. 经济社会体制比较,2012(6).

新社会服务体系：经验反思与路径建构

——基于沪深两地政府购买服务的比较研究[①]

杨　君　徐永祥

改革开放30多年，中国处于计划经济体制向市场经济体制转型的过程中。在这个时期，一方面，中国经济得到快速发展，人均GDP明显提高，人们享受到了经济增长的福利；另一方面，随着市场经济的发展，单位制逐渐解体，社会日益分化，经济与社会的结构性差异服务要求变得越来越重要。面对多元的公共服务需求，建构一个新的社会服务体系，让人人享受到社会福利，既是社会建设、社会管理的重要内容，也是对中国特色社会主义理论和科学发展观的最好注解。

一、当前我国新社会服务体系的内涵

自20世纪80年代以来，我国处于快速社会转型期。在计划经济向市场经济加速转型的20世纪末，在面对“单位制社会”解体

---

① 本文曾发表于《学习与实践》2013年第8期，此次收录略有修改。

时，政府在社会管理方面发挥了重要的过渡作用。但是随着市场经济的发展，单位制逐渐解体，旧的单位体制日趋丧失了其组织社会以及提供社会支持和社会服务的功能，大量公民游离于社会组织、社会支持和社会福利体系之外，社会问题逐渐凸显，经济与社会的结构性差异服务要求也变得越来越重要。[1]

随着政府职能的转变，政府将不可能包揽一切多元的社会公共服务需求；由于企业以市场营利为导向，将社会公共服务完全进行市场化运作也不现实。面对社会转型过程中的公共服务需求问题，国家的责任是有限的，市场的资源配置也不是万能的。然而，在现代社会中，国家既要保证市场资源配置的效率，又要确保个人的平等权利。因此，中国既不能采取完全由政府提供服务的模式，也不能完全接受自由主义的福利理念。具体而言，国家不是服务的直接提供者，应该引入市场化的管理模式，把自己重新塑造为管理者、组织者和购买者的新角色。在新社会服务体系建构的过程中，政府购买服务作为一种福利供给方式，理应发挥非营利民间组织的积极作用。在此种背景之下，社会组织作为介于政府和企业之间的第三方应运而生。社会组织迅速成长并日益壮大起来，它们在调动社会资源、提供公共服务、创造就业机会等方面发挥着重要作用，特别是在公益性、服务性功能方面，发挥了政府难以取代的积极作用。如政府可以向非营利性机构和社会工作组织购买服务，必要时还可以对其进行财政上的支持，这样不但可以化解矛盾，还可以提高政府的服务质量。政府在市场经济发展的过程中推动与社会组织的合作发展，能够解决社会矛盾，提供优质的社会服务尤其是均等化的社会服务；同时，政府也需要吸纳各类服务机构和专业社工机构，这也是社会发展的必然要求。政府购买服务背后的根本目的是共同服务社会，构建和谐、健康、可持续的社会服务体系。

在概念的原初意义上，公共服务和社会服务的定义是十分明确的：公共服务指的是政府为全体国民提供的各种必要的公共性质的产品和服务；而社会服务指的是非政府的社会机构为各种弱势群体提供的各种社会服务。[2]笔者认为，以前所讲的政府职能转型、公共服务转型，是指在市场经济条件下我们如何提高社会效率进而降低政府交易成本的问题。如今，社会服务被赋予了新的含义：更加强调社会的公平问题，在理论上，社会服务的根本目的是解决社会的公共问题，促进社会公平。本文所讲的新社会服务体系，是新时期推进社会管理和社会建设的现实话题，也是谋划民政工作发展的重大议题。新社会服务体系是指通过政府购买社会组织服务的形式来完善社会转型过程中的社会救济、社会保障、社会保险、社会福利等一些具体的服务性内容，以此来改善公共服务、创新社会管理的一套体系。

使公共服务供给与需求相适应，将是政府在较长时间内面临的重要任务。党的十七大提出的改善民生、加快社会建设的任务，如教育、医疗、社会保障、就业和收入分配等，都离不开完善的公共服务体系的支持。加快公共服务体系建设，是经济社会发展到一定阶段的必然要求，是促进科学发展、社会和谐的重要内容。新时期需要新的社会服务体系，大量的社会问题不断出现，传统的社会组织方式已经不能满足居民多元的社会需要和公共服务需求，新的社会服务需求又是与新的社会服务体系、社会体制相吻合的。因此，社会组织作为介于政府和企业之间的第三方应运而生，政府购买社会服务既是新服务体系的重要内容，也是对加强社会建设、创新社会管理和改善公共服务状况的一次重要探索和实践。在此背景下，上海和深圳分别依据自身的区位、经济、社会特点，探索出了不同的政府购买社会服务模式，为全国其他地方的社会组织发展、社会建设、社会管理模式创新提供了范例。

二、政府购买服务模式的经验

"政府购买服务"是指政府部门为了履行服务社会公众的职责，通过政府财政向各类社会服务机构直接购买服务而实现政府财政效力最大化的行为[3]，是最有效地满足社会公共需求的途径。当前，政府购买服务大致有两种模式：一是政府直接购买岗位；二是政府购买项目。[4]上海与深圳的政府购买服务实践处于全国领先地位，在长期的运作中，两地的服务模式创新呈现出很大的差异。接下来，笔者将尝试分析沪深两地政府购买服务模式的演变过程。

（一）上海新型社会服务模式的演变历程

上海原本就有一套完善的社会管理体制，在推进实施政府购买社会组织服务方面进行了一系列改革探索，进一步增强了政府投入的有效性和引导性，满足了公众多样化的公共服务需求，降低了政府行政成本，推动了社会组织能力提升，取得了显著成效。

第一，政府购买服务的范围由点到面。最初，在承接政府职能的机构选择上，政府倾向于选择具有官方背景的机构，而对于一些草根机构并不认同。在探索购买服务这样一种新型的社会服务模式伊始，上海政府大量采用简单易操作的岗位购买方式，这种方式有助于政府在缺乏经验的情况下规避大量购买项目的风险。这是起步阶段的一种权宜之计。在购买经费方面，一开始上海并没有专项的经费用于购买服务，很多组织甚至出现自筹经费的窘况。在其服务对象上，突出表现在与社会弱势群体相关的服务上，如慈善救助、助老服务、司法矫正、就业帮扶等。除此之外，政府尝试购买一些专业的社会工作岗位，但社会工作者在司法矫正、吸毒人员和问题青少年矫正及社区服务等传统政府职能领域究竟能起什么作用还有待观察。

经过一段时间的探索之后，专业的社工不仅在助老、慈善、司法矫正、吸毒人员和问题青少年矫正等领域有很显著的工作成效，而且还参与到政府购买服务之中。政府购买服务的范围由点扩大到线再到面，目前涉及慈善救济、外来人员管理、助老服务、调解服务、就业帮扶、法律服务、社区管理、精神康复等领域。

第二，社会服务机构自主性提高。在实施政府购买服务之初，上海市政府偏爱一些具有政府背景的机构。为了鼓励购买主体间开展良性竞争，提升社会服务的质量，上海市政府改变了原来以岗位购买为主的服务方式，实行岗位购买和项目购买相结合的方式，并最终转变为以项目购买为主。实行以项目购买为主的服务方式，反映了上海市政府越来越重视对社会组织自主性的培养。在这一过程中，民间社工机构实行自主管理，独立招聘、培训、派遣、管理社工；民间社工机构通过政府购买项目提供服务，自主决定服务内容、服务项目。在财政方面，民间社工机构成为一个自负盈亏的组织，其经费来源于政府，但机构对经费的使用拥有充分的自主权。这充分表明政府重视对社会组织与社工队伍的建设以及对社会服务载体的培育，由此，这一时期的政府购买服务实现了从偏重 NGO 到吸纳更多草根社会组织参与社会服务体系建构的转变。

第三，重视机制，构建了“政府承担、定向委托、合同管理、评估兑现”的运作模式。2005年，浦东新区政府出台了《关于促进浦东新区社会事业发展的财政扶持意见》；2007年，浦东新区又出台了《浦东新区关于政府购买公共服务的实施意见》；2010年，闵行区人民政府办公室转发了《关于规范政府购买社会组织公共服务实施意见（试行）》；2011年，上海市政府办公厅印发了《关于进一步加强本市社会组织建设的指导意见》。这一系列政策文件明确了政府购买服务的指导思想、基本内涵、实施原则、操作规程等内容，进而明确提出了建立购买服务机制，即对协助政府参与社会管理和公共服务的社会组织，要通过项目招标、合同管理、评估兑现等形式，建立政府购买服务机制。这些新的政策和实践完善了政府购买公共服务模式，建构了新型政社关系，确定了以政府购买服务为中心支持民间组织发展的方式。

（二）深圳新型社会服务模式的变迁过程

2007年，深圳社会服务体系建设在借鉴香港和上海经验的基础上，出台了《关于加强社会工作人才队伍建设推进社会工作发展的意见》以及七个配套文件，其也被称为深圳市社会工作发展的“1+7”文件。这表明深圳以社会工作机构发展为依托，正式推进社会服务发展。

第一，“政府购买、民间运作”。深圳市社会工作的发展模式是：政府设立社工岗位，面向社会公开招标，评审合格的社工机构参与投标，中标的社工机构与民政部门签订社工服务承包合同。市政府以每名社工每年6万元的价格向社工机构购买服务。换句话说，就是政府以购买岗位的方式向社会提供公共服务。购买岗位的内容包括社会工作人员的工资、福利、机构的管理费用等。

“民间运作”指的是市政府与中标社工机构签订服务承包合同之后，政府只负责给这些社工机构投入签约的费用，而社会服务的项目内容、形式，由承包机构依据自己制定的方案开展。最后，政府可以委托监督机构对项目的实施效果进行评估，但是具体的服务方案由社工机构自主进行决策，具有高度民间化的特点。社工机构的资金来源于政府，但对于服务的提供享有自主性，避免了政府行政对其专业性工作的干预。同时，政府不再直接提供公共服务，使其从烦琐的社会公共服务事务中解脱出来，一方面节省了大量的人力、财力、物力；另一方面，专业化的社会组织参与社会服务，提高了社会服务的水平。这种模式一定程度上解决了政府的缺位与越位问题，实现了政府的职能转变。

第二，从岗位购买起步到两种购买方式的结合。购买岗位是一种相对简单、易操作的社会服务模式，深圳的政府购买服务最初是以这种方式开始的。在此种模式运行的过程中，政府依据薪酬标准和管理费用规定购买一个岗位的费用。但是，此种模式限制了社工机构自主性的发挥，因而，在购买岗位的基础上，深圳市推出了政府向社工机构购买服务项目的模式。购买项目采用公开招标的方式，所有符合要求的社工机构都可以投标，最后依据评审结果，政府同中标的机构签订服务项目合同。深圳市在探索政府购买社会服务的模式的过程中，无论是购买岗位，还是购买服务项目，其经费都是由市、区两级财政进行支付。目前，区级政府购买服务的费用已纳入各区财政预算，由区财政支出；市级政府购买服务的费用尚未列入市财政预算，仍然由公益资金支出。市、区民政局根据购买合同的规定，一年分四季度将购买费用汇入社工机构的账号。四次的支付比例分别为30%、20%、30%和20%。深圳市的政府购买服务模式，从购买岗位起步到向购买项目探索，逐步实现了两种购买方式的对接，进一步明确了服务对象、内容、任务量、评估方法以及服务项目费用的计算方法。这既充分发挥了机构的自主性，也发挥了政府在社会服务体系建构方面的重要作用，实现了政府与社会机构的良好互动。

第三，以社区为单位，推进社会服务建设。为了完善新型社会服务体系，深圳市政府在2007年“1+7”文件实施以来，不断创新社会服务的方式。2011年，深圳开始开展社区服务中心的建设试点工作，建设了100个社区服务中心，增加社工500名，到2012年，深圳的社工人员已达4 000名，其中的一半进入了社区服务中心。目前，全市632个社区建设了300个社区服务中心，每个社区服务中心配备了4至6名社工和辅助人员提供服务。社区服务中心的运作采取政府主导、社会参与、民间运作的运行机制，即政府通过购买服务支持社区服务中心建设，并通过招投标引入社会组织管理。服务内容包括党、团、工会和妇联活动，老人、妇女、青少年、儿童服务与计生服务等；根据社区居民需求，社区服务中心可提供再就业培训、社区日间照料、婚姻问题咨询、家庭暴力处理、学生午托、“四点半学校”、文化体育活动和图书阅览等服务。除此之外，各社区服务中心根据居民需要适当提供有偿经营性服务，以为基本公共服务补充经费。以社区为单位推进社会服务建设是一种新的尝试，这充分调动了社区的积极性，发挥了社区组织的自主能力。

三、新社会服务体系的路径建构

在新型社会服务模式建构中，沪深两地都是国内政府购买服务运行得最好的城市。莱斯特·萨拉蒙曾提出“第三方治理”理论，认为在美国公共服务体系中联邦政府扮演着资金提供者和监管者的角色，而具体服务由第三方机构（特别是非营利部门）提供，民营化是“第三方治理”的重要途径。沪深两地在吸纳“第三方部门”参与政府管理、提高社会工作服务质量方面形成了新的路径。因此新型社会服务模式“开始在上海，创新在深圳”，两地的模式虽有很大的不同，但其背后却有很多共同的路径。

第一，政府是社会服务资金的主要提供者。在社会转型的过程中，社会服务有多元的提供主体，不需要政府包揽提供，也不一定是政府主导提供，但政府要成为社会服务所需资金的主要提供者。无论是资助现有的非政府社会服务，还是向社会组织购买社会服务，政府都要扮演资金提供者的角色并履行相应职责。两地在开始运行新型社会服务模式之初，都选择了以岗位购买为主这一种简单易行的方式，但是在运行了一段时间之后，岗位购买的弊端开始显现，两地都把目光转向项目购买这种自主性和激励性更强的方式，这也体现了上海和深圳的新社会服务模式建构都还处于起步阶段。政府购买岗位和项目的运行，改变了以前传统的政府“大包大揽”的方式，吸引了更多的社会主体参与到社会公共服务体系建设中来。这一方面把政府从以前繁杂的社会公共服务事务中解脱出来，使得政府职能履行更加高效；另一方面，各种社会组织的加入使城市的公共服务体系满足了居民的多元需求，有效解决了城市化快速发展带来的社会问题。

第二，满足居民差异化的社会服务需求。随着我国城市化的推进，居民对政府提供公共服务的需求越来越多元化，从教育、环卫、治安到养老等，内容越来越多，要求越来越高。在新社会服务体系中，政府通过向社会组织购买服务的方式，为群众及时提供相关的公共服务，是解决目前存在的人员编制及经费约束困境的有效途径。同时，推进政府购买公共服务是实施综合配套改革的有力探索，必将对加强社会建设、建构和谐社会产生积极影响。

第三，发挥了社会工作专业化优势。职业化和专业化是社会工作的重要特征和生命力所在。出于种种原因，我国以往的社会工作职业化和专业化水平一直较低，具体表现在：社工队伍总体素质偏低，稳定性差，服务水平不高，专业性不足。在当前新社会服务体系建构过程中，两个城市经过多年的发展与培育，都拥有了一批专业的社会组织和社会工作者队伍。这些社会组织和社会工作者是现代社会公共服务体系的重要主体，并且这些力量还在不断地发展、壮大。在社会工作专业化、职业化过程中，我们应该建立规范合理的社工晋升机制，确定社工人才的薪酬待遇，吸引优秀的社工人才，实事求是地解决社工遇到的困难。同时，借鉴发达国家先进的社工经验，如引进高素质专业社工督导、建立社工督导队伍，从而提升社工的整体素质。建构新社会服务体系，实现社会公平，是一个漫长的实践过程。政府购买服务是该体系建构的重要内容，我们必须建立完善的市场竞争机制，加强对社会机构的监督和管理，进而提升自身的实力，实现社会工作的专业化服务。

第四，政府与社会组织共同"形塑"。作为组织者，政府不直接向公众提供社会服务，也不参与民间机构的日常运作，社工岗位设置和社工薪酬保障体系也不由政府控制。政府主要向民间社会组织购买项目和岗位，并对其进行评审和考核。在社会服务体系的建构过程中，上海作为一个"老移民城市"，经过多年的发展，已经形成了一套完备的社会（社区）管理机制。在新社会服务体系建构初期,其实行“政府承担、定向委托、合同管理、评估兑现”的运作模式,当时建立的民间组织大多具有浓厚的政府背景,或是由政府直接创建的社会服务机构(俗称“GONGO”)。在政府购买服务的过程中,社会服务机构与政府逐渐实现了良性互动。与此相反,深圳是一个年轻的城市,不具备上海那样完善的社会管理机制,它拥有更大的空间去探索一套全新的社会服务模式,加上上海积累的丰富经验,深圳由此少走了很多弯路,因此,其直接实行了“政府购买、民间运作”的社会服务模式。政府购买公共服务,意味着政府不再直接提供服务,而是通过签订购买合约,向社会上的公共服务生产方购买公共服务,然后提供给社会公众。这样,在政府购买服务的过程中,政府与社会组织共同参与社会服务,主体间的职能得到充分发挥。公众享受到更专业、更有效的社工服务,增强了社工对组织机构的认同感,有利于民间社会服务机构的健康运行。

四、新社会服务体系展望

上海和深圳的社会服务新模式在国内得到了相当广泛的认可,但是,岗位购买和项目购买两种方式哪个更好,两地都没有答案,都还在探索中。笔者发现,两地在政府购买社会服务的模式选择上不尽相同,但根据两地多年的试点运行经验和成果,政府通过向第三方社会组织购买服务,一定程度上可以把政府从原先烦琐的社会责任中解脱出来,节约了政府提供公共服务的成本,提升了政府公共服务的水平。而第三方社会组织在与政府合作的过程中,也充分发挥了自身良好的社会建构功能,把原来疏离的个人进行再组织,起到了团结社会的作用。一个和谐的社会一定是“政社分开、分工合作”，政府既不缺位也不越位的社会。[5]

在新社会服务体系建构中，沪深两地也面临一些困难，比如社工机构和社会工作者自主性不强、行政干预严重、经费不能按时发放等。新社会服务体系的建构需要新的“社会体制”做支撑，而新的社会体制建设迫切需要我们从制度上进行突破，建立新的财政体系，把政府购买服务的资金纳入财政预算体系。这样，新的社会服务体系才能摆脱发展的困境，发挥更大的作用。在建设社会主义和谐社会的过程中，必须高度重视新社会服务体系的建构之于社会管理体系建构的现实意义，积极有序地推进新社会服务体系的建构。我们必须充分认识新社会服务体系的建构与社会组织发展在和谐社会建设中的重要意义，科学合理地选择新社会服务体系建构的路径。

党的十八大报告指出，积极推动政府购买公共服务，是加快建设服务型政府，处理好政府和市场关系的关键环节。政府购买公共服务的兴起与发展，改变和重塑了政府的传统行动逻辑，深刻影响着国家与社会关系的变迁进程。[6]政府购买公共服务不仅仅是引入市场竞争机制和社会志愿机制，也不仅仅是服务生产职能与治理资源的主体间转移，而是新社会服务秩序中一系列角色意识、价值取向、行为方式和互动结构的变迁，是政社关系从单向依赖到双向互动、从行政指令向契约合作的整体转型过程。

参考文献

［1］ 徐永祥. 社会的再组织化：现阶段社会管理与社会服务的重要课题［J］. 教学与研究，2008(1).

［2］ 赵孟营. 从理论到现实：创建中国特色民政社会服务体系［J］. 中国民

政,2011(5).

[3]　李慷.关于上海市探索政府购买服务的调查与思考[J].中国民政,2001(6).

[4]　徐秋菊.社会政策视角下的政府购买社工服务分析：基于深圳市鹏星社工服务社的个案研究[D].广州：中山大学,2009.

[5]　徐永祥.社会体制改革与和谐社会建构[J].学习与探索,2005(6).

[6]　彭少峰,张昱.政府购买公共服务：研究传统及新取向[J].学习与实践,2013(6).

内 容 提 要

本书汇集了徐永祥教授长期对社会体制改革与社会治理创新议题的关注和思考，聚焦长期以来未受学界重视的“社会体制”概念及其实践困境，指出社会体制不同于政治体制、经济体制，社会体制本质上体现的是国家（政府）与社会（非政府、非营利组织及其所代表或服务的社会群体）之间的现实关系架构。针对我国多年来社会体制与社会治理领域存在的问题，徐永祥教授指出，社会体制改革与社会治理创新应成为我国社会发展与构建和谐社会的前提条件，应从“政社分开与合作”“三社联动”“党与社会关系重构”等方面不断阐释中国特色社会体制改革和社会治理创新的实践路径。部分论文是徐永祥教授指导学生聚焦上述相关议题所作，本书一同收录。